果壳
科技有意思

给少年的科学书

果壳 | 编著　吴文庆 | 审

万物皆数学

人民邮电出版社
北京

图书在版编目（CIP）数据

给少年的科学书. 万物皆数学 / 果壳编著. -- 北京：
人民邮电出版社，2022.5（2023.11重印）
ISBN 978-7-115-56880-9

Ⅰ. ①给… Ⅱ. ①果… Ⅲ. ①科学知识－青少年读物
②数学－青少年读物 Ⅳ. ①Z228.1②O1-49

中国版本图书馆CIP数据核字(2021)第133040号

◆ 编　著　果　壳
　　审　　　吴文庆
　　责任编辑　胡玉婷
　　责任印制　陈　犇

◆ 人民邮电出版社出版发行　　北京市丰台区成寿寺路 11 号
　　邮编　100164　　电子邮件　315@ptpress.com.cn
　　网址　https://www.ptpress.com.cn
　　临西县阅读时光印刷有限公司印刷

◆ 开本：700×1000　1/16
　　印张：10　　　　　　　　2022 年 5 月第 1 版
　　字数：139 千字　　　　　2023 年 11 月河北第 13 次印刷

定价：59.80 元

读者服务热线：(010)81055493　印装质量热线：(010)81055316
反盗版热线：(010)81055315
广告经营许可证：京东市监广登字 20170147 号

内容提要

　　本系列丛书是国内知名的科学文化品牌果壳为青少年编写的学科科普读物,精选有趣又有料的科学话题,旨在通过科普阅读的形式拓展青少年的知识面,全系列分为数学、物理、化学、生物、地理5个分册。本书为数学分册,内容涉及理数、实数、方程、不等式、函数、平行线、三角形、多边形、圆、坐标、统计与概率等。书中以阅读笔记的形式,对专业名词做了精确注释,还做了知识点总结,与课标知识点相关联。本书不仅是对数学学科知识的讲解,更侧重于介绍数学知识点在生产和生活中的实际运用,非常适合青少年读者阅读。

序

"即使我身陷果壳之中,仍自以为是无限宇宙之王。"

这是《哈姆雷特》中的一句台词,也是霍金的著作《果壳中的宇宙》名字的由来。果壳网的名字就来源于此,寓意谁都无法阻挡我们对于世界的好奇、探求真知的渴望。

少年阶段,是一个人一生中好奇心最旺盛的阶段。

可是,当下的少年,有学不完的课程和做不完的作业。我们周围有很多这样的少年。回想30年前,我们和大家一样也是少年。30年前的家长和老师,一样整天教导、督促、念叨着:只有刻苦学习才能考出好成绩,才能进入好大学,才能找到好工作……

30年的时间很长,中国的许多城市已经换了新的面貌;30年的时间也很短,中学生学习的知识似乎没有太大的改变。

我们觉得,果壳应该为少年做点什么。

于是,在几年前,我们和来自全国各地的上百个少年一起打造了"果壳少年"项目,由少年来出主意、审稿子,"果壳少年"的编辑们按照中学课本的学习进度,来组织编写文章。比如,学生们学习浮力,我们就讲自然界中的植物如何利用浮力漂洋过海传播种子；学生们学习酸碱度，我们就讲为什么胃酸没有把胃腐蚀掉……目的是打通课本知识、科学前沿和现实生活之间的界限，帮助少年们开阔视野，让孩子们知道书本里的知识并不只是干巴巴的一道道题，而是既能"高大上"，又能"接地气"。

如今，当年那些和我们一起编稿子的优秀少年们，很多已经考上了心目中理想的大学。但是这些曾经帮助过他们的文章，应该被传递下去。

于是，从这些稿件中，"果壳少年"团队精心挑选了174篇，重新编写、配图、设计、排版，以更适合中学生阅读的方式集结成书。它们是"果壳少年"团队、科学作者群、少年编委群、教研老师群共同努力的缩影和精华所在。

希望通过图书出版的方式，"果壳少年"的接力棒可以交到更多的少年手中。

多年来，果壳一直致力于"让科学流行起来"，今天果壳《给少年的科学书》要"让学习快乐起来"。

少年说

写给少年的书，让少年自己选择
特别感谢来自五湖四海、天南海北的少年编委团

我们这些少年编委是作为科学爱好者聚在一起的，平时讨论的内容也与科学相关。这种思维的碰撞，知识的交流，对我而言大有裨益——既能拓宽视野，又能增长见识，而且可以帮助我坚持对科学的爱好，长存好奇心。

——陕西科技大学 大一 杨若朴

曾就读于西安市西光中学

作为"果壳少年"编委，我有幸参与了科普文章的创作，见证了一篇篇文章的诞生。这些科普文章对我的影响是潜移默化的。高三时的生物考卷有很多大题是以一些前沿研究为背景的，还会有一道专门的科普阅读题。这时我才意识到，当时看过的那些文章在不知不觉中让我了解了很多科学知识，也让我具备了快速提取信息的能力。

——宁波诺丁汉大学 大一 厉佳宁

曾就读于北京师范大学附属中学

通过参加"果壳少年"编委的活动，我才发现相比研究我更喜欢传播知识，并且越来越明确以后想从事教师之类的工作。无论是课间跟同学讲题，还是单纯科普一些新奇知识，我都能感觉到欣喜。这段经历对我来说是一种启蒙，尤其是在最后的夏令营中的经历如今依然在深深影响着我。

——天津市第四十七中学 高三 赵祥宇

曾就读于北京景山学校远洋分校

作为一个在三四线小城市长大的孩子，在参与"果壳少年"科普工作的过程中，我近距离地感受到了大城市孩子灵动的思想！这极大地触动了我，也激励了我去做一些事情拓展自己的眼界，比如广泛的阅读。

——广东海洋大学 大一 车诗琳

曾就读于广东高州中学

主编说

这是果壳献给少年的一份大礼

很多人说，做科普的果壳一直有"好为人师"的情怀，大家也天然觉得，果壳积累了这么多年，应该有很多适合少年看的内容吧？

但是，真正开始做"果壳少年"这个项目，我们比做其他任何一个项目都更慎重。我们反复提出策划案，反复否定，终于在2017年年底，成立了项目组。

说实话，我们怀着忐忑的心情开始做第一轮调研——和中学老师交流需求。当时，我们特别怕碰一鼻子灰，担心如果老师觉得我们的工作没有必要该怎么办。幸运的是，在调研阶段和老师们的讨论，极大地鼓舞了项目组成员。当时还在北京市第四中学任教的朱岩老师，舍弃了午休时间和我们相会在学校门口的咖啡馆。他说，果壳应该做一些学校老师没精力弄的事情。他认为在中学阶段扩展视野，对孩子来说太重要了。

之后，我们还和中国人民大学附属中学的初中物理组老师开会讨论了中学生究竟需要什么样的文章。老师们听说果壳要专门给中学生做科普文章，都非常支持。因为老师们平时也需要想尽办法寻找各种素材，来帮助学生了解课本中的知识在真实生活中的应用，如果果壳能利用自己在科研圈和科普圈的作者和专家资源来做一些知识应用的整理，就能让教学如虎添翼。

于是，我们据此确定了自己的定位，参照初中的课标定主题。这样一来，同学们白天学到了什么知识点，晚上就能看到与之对应的科普文章。

这里汇集了一批最好的学者和科普达人

在这样的愿景下，我们在果壳内外挑选了最严谨、最专业、最适合做少年项目的科学编辑，在一个月内迅速搭建了团队，组成了一个小小的内容突击队。

组稿过程中，我印象最深刻的是策划期的打磨。

给中学生看的文章，需要格外谨慎，这是毋庸置疑的，也是果壳做内容一贯秉承的原则。但我们不知道，现在孩子们的阅读习惯和偏好是什么样的。我们只是模糊地觉得，文章不能太长、太晦涩，不然，作为课外读物就非常不合适了。

为了"迎合"他们的"口味"，我们做了很多样稿，甚至尝试了一些网络文章流行的写法。但最后，我们还是否定了这些自作聪明的尝试，大家一致认为，给中学生看的应该是优质的内容和规范的文字。我们应该自己先判断出什么样的内容是优质的，这样才能让少年们知道好文章应该是什么样子的。

第一批作者是果壳作者中写作能力公认最好的学者和科普达人，有叶盛、云无心、王永亭、朱岩等。值得一提的是，我们还约了几位学生一起来创作。后来，一位学生撰写的演化相关的文章，成了"果壳少年"发布的第一篇文章。我们想要表达的是："果壳少年"的内容是为了少年的真实需求而创作的。

这里有百里挑一的少年编委

为了更贴近中学生的阅读能力，我们的每一篇文章，都是由十几个中学生审读过的。这批由中学生组成的少年团，叫作少年编委。邀请少年编委加入的目的是，避免中学生看不懂书中的文章或者对文章内容不感兴趣。果壳微信公众号每次发出少年编委的招募通知，都收到来自全国各地的几百份申请，我们并不要求少年编委是学霸，而是要求他们有广泛的阅读，有自己的爱好，并且愿意积极参与项目，毕竟在繁重的学习中，还需要每天看3~5篇文章，这是个不小的工作量。

令我们欣慰的是，少年编委的经历，让很多孩子发现了自己的兴趣点，甚至影响了他们的大学专业选择和未来职业规划。

如今，这些精心创作的文章即将出版，如果它们能够陪伴一代又一代的青少年快乐学习、快乐成长，我想，这可能是所有参与创作的作者、编辑、老师和少年编委都希望看到的事。

刘旸

如何使用这套书

图解

这部分是对学科知识清晰而简单的提炼，你可以反复阅读，加深记忆，或者抄写、复印、剪贴到自己的笔记本上。

果壳 给少年的科学书

万物皆数学

让学科更有趣，让科学更有用，让学习更简单

金属有故事

$$C_{12}H_{22}O_{11} \text{（纯）} \rightarrow SrCO_3 \rightarrow (C_{\text{（煤）}}) \xrightarrow{\text{加热、催化剂}} + H_2O \text{（水蒸气）}$$

$$[SrO(C_{12}H_{22}O_{11})] \text{（溶液）}$$

$$- C_{12}H_{22}O_{11}$$

$$[SrO(C_{12}H_{22}O_{11})_2] \downarrow$$

$$Sr(OH)_2$$

$$C_{12}H_{22}O_{11} \text{（糖蜜）}$$

$$SrO$$

$$H_2O$$

$$CO_2$$

锶法制糖流程图。氧化锶与蔗糖能以不同配比结合成多种化合物，图中仅表示了1∶2结合后的流程。

本系列书共有5册，共有174篇文章，内容涉及数学、物理、化学、地理、生物。书中的每篇文章都从中学课本的知识点出发，挑选有趣的话题和角度撰写，并配合知识点的详解和剖析，拉近课本知识和日常生活、科学前沿的距离。这套书能帮助你充分理解和熟练掌握课本知识。

1849年，法国化学家首先注册了锶法制糖的专利。这项工艺在1869年被带入德国，之后被德国化学家卡尔·谢布勒改良。碳酸锶矿石在存在水蒸气的环境下煅烧后可以获得氢氧化锶。将氢氧化锶加入接近沸腾的糖蜜酸里，它就会和蔗糖反应生成难溶于水的蔗糖酸锶。虽然难溶于水，但是蔗糖酸锶可以溶解在氢氧化锶溶液里。再将二氧化碳通入其中，就可以还原成蔗糖溶液和碳酸锶沉淀。这样，在提取蔗糖的同时，大部分锶仍然可以循环使用。

对大多数糖厂来说，这项工艺不甚划算，**还不如把糖蜜直接拿去当饲料或是酿酒**。不过，德国本身有丰富的锶矿，因此谢布勒强烈推荐糖厂使用这项技术增加糖的产量。在第一次世界大战之前，甜菜制糖每年会使用10万~15万吨氢氧化锶。直到20世纪初，这项工艺仍在使用，不过用的是更廉价易得的钙而不是锶。

糖蜜是制作朗姆酒的主要原料。

正文

在阅读文章的过程中，你就会发现课本里的知识不再是冷冰冰的一道道题，比如学习摩擦力，你可以从沙堆、混凝土大坝，甚至指纹里找答案；学习排列组合，你可以在宿舍中找例子；学习季风，你可以和诸葛亮、曹操"聊聊天"……其实课本知识就在身边！

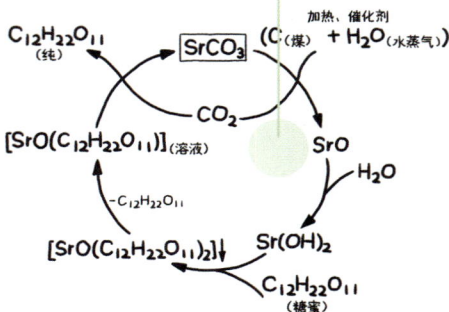

是不是跟你想的不太一样……没错，这勺沥青一样黑乎乎的黏稠液体就是糖蜜了。

锶的另一种常见的用途是制造烟花，烟花绚丽的色彩主要利用了金属的**焰色反应**。当金属及其盐类燃烧时，原子中的电子吸收了能量，会由能量较低的轨道跃迁到能量较高的轨道上，但是这些电子并不稳定，很快就会以光子的形式辐射出来。由

焰色反应是因为原子中电子能量的改变而产生的，它是一种物理变化。

于它们的能量变化各不相同，所以不同金属燃烧时发出的光的颜色也各不相同。例如铜元素燃烧是绿色的，钠元素燃烧是黄色的，铯元素燃烧是浅紫色的，而红色的烟花，则是放入了锶盐之后的结果。

随着科技的发展，锶的用途也在不断变更，只有制作烟花这一用途从古至今一直没变，它鲜红的焰色反应在夜空中一直都格外动人。

知识点

很多金属或它们的化合物在灼烧时都会使火焰发出特殊的颜色，这在化学上被称作焰色反应。

69

11

目录

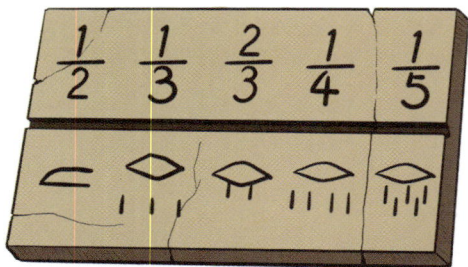

原来古埃及人也偏科

■ 方弦

古埃及人在土地测量的过程中发展出了几何学，更是创造了**金字塔**这样的世界奇观。但在有理数的运算上，他们却另辟蹊径。

> 文明古国埃及的金字塔，形似方锥，大小各异，但这些金字塔底面的高与边长的比都接近于黄金分割比 0.618。

古埃及人是怎么写分数的？

古埃及人写分数，用的是一种我们现代人很难理解的方法，他们非得将所有分数都写成几个不同的"$1/n$"的和。

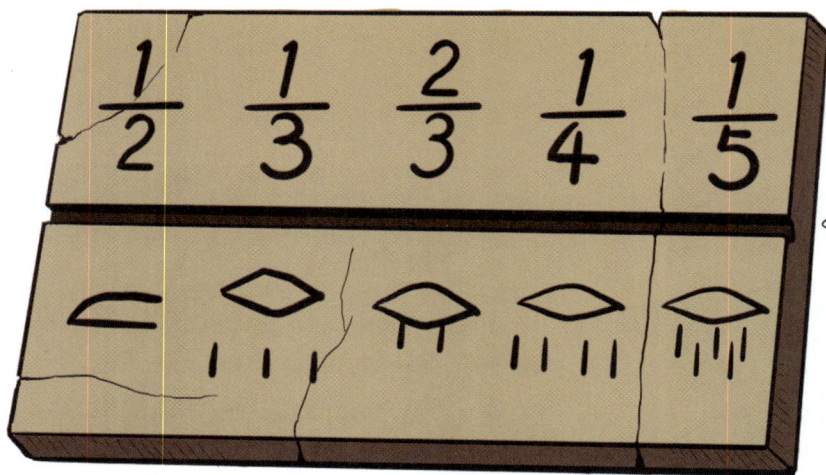

一些用象形文字表示的分数。

比方说古埃及人是不理解3/4的,他们得写成1/4+1/2,2/5则写成1/4+1/10+1/20。像是计算3/4+5/7这种通分就能解决的算式,古埃及人光是写式子就得写到"吐血",这导致他们进行分数运算时会产生非常庞大的工作量。

类似"1/n"的分数是最简单的分数,它们又叫作"单位分数",也许是这种简洁之美打动了古埃及人,因此他们毅然决然地在这条"非主流"分数之路上走下去。为了表彰他们的坚持,数学家就将单位分数称为"埃及分数"。

埃及分数有什么价值?

当然,古埃及人设计这么复杂的分数形式也不是为了故意难为自己,事实上这种分数在日常生活中有着非常高的应用价值:假设你和你的小伙伴共8个人分5张饼,你当然知道一个人会得到5/8张饼,但问题是,你难道真的要把这5张饼均分成40个小块,然后每人拿走5块吗?

用埃及分数，古埃及人可以轻松又高效地分地、分食物、分装备。

$$\frac{5}{8} = \frac{1}{2} + \frac{1}{8}$$

但埃及分数就能很好地解决这个问题：5/8＝1/2＋1/8，那么我们就可以先把4张饼分别一分为二，每人拿走半张饼，再把最后一张饼分成8块，每人拿走1块就行了。

再比如这道经典的小学数学题

一个部落首领临终时宣布把自己的11头牛送给3个儿子，他要求把1/2给老大、1/4给老二、1/6给老三。那如何在不杀牛的情况下，将它们严格按照遗嘱分给他的3个儿子呢？

一位村民出面帮忙解决了这个难题。他提供了一头牛，这样一来，一共有12头牛，3个儿子分别获得6头牛、3头牛和2头牛。他们分完后还剩下1头牛，将其归还村民就可以了。

这个小故事实际上讲的是11/12=6/12+3/12+2/12。它所提出的数学问题，就是如何把有理数 $\dfrac{n}{n+1}$ 分解成3个单位分数之和。

所以说埃及分数确实具有研究价值，因此现代的数学家们也开始钻研如何将任意有理数 m/n 写成单位分数的和，还创造出一种算法——贪心算法。

贪心算法

我们先来考虑m/n小于1的情况。贪心算法的思路也比较简单,先找最大的,但不大于m/n的单位分数,把它写下来,然后看看剩下了多少,如果剩下的是单位分数就结束了;如果不是,就重复之前的操作。

举个例子,如果我们要将5/22写成单位分数的和,那应该怎么写呢?

第一步 STEP 01

先看看最大的,但不大于5/22的单位分数是多少。假设分母是k,那么我们就有不等式:$1/k < 5/22$。

所以我们有$k > 22/5 = 4.4$,而符合这个条件的最小的k,就是$k = 5$。所以,我们写出的第一项就是1/5,也就是$5/22 = 1/5 + 3/110$。

第二步 STEP 02

3/110还不是单位分数,所以我们要对3/110进行相同的操作。假设最大的不大于3/110的单位分数是$1/k$,那么它满足$1/k < 3/110$。

所以有$k>110/3=36.666……$符合这个条件最小的k是37，所以接下来的一项就是$1/37$。这回凑巧的是，剩下的恰好是个单位分数$1/4070$，所以我们就成功将$5/22$写成了单位分数的和：$5/22=1/5+1/37+1/4070$。

当然，贪心算法的局限性也很明显，如果我们想将**有理数**写成单位分数的和，那么我们自然希望这个和越简单越好，但贪心算法算出来的结果往往非常复杂。因此直到今天，数学家们还在努力研究能把有理数拆分成最简洁的单位分数和的方法，由此也衍生出许多的课题和猜想。埃及分数虽然没有成为今天通用的计算方法，但它也像金字塔一样，蕴藏着巨大的宝藏，也给后世文明带来无穷的智慧启迪。

> 有理数包含整数（正整数、零、负整数）和分数（正分数、负分数）。

知识点

分数的四则运算

同分母分数相加减，分母不变，只把分子相加减。异分母分数相加减，先通分，把它们转化为同分母分数再相加减。分数乘分数，用分子相乘的积做分子，用分母相乘的积做分母。除以一个数，等于乘以这个数的倒数。分数混合运算的顺序与整数混合运算的顺序一样。计算结果能约分的要约分成最简分数。

考了55，能四舍五入成100吗？

■ 赵世恩、于然

人们常说四舍五入，那是不是考了55分，就能四舍五入成100？银行里5500万的存款，能四舍五入成为1个亿吗？

$$55\ 000\ 000 \approx 100\ 000\ 000$$

乍一看是四舍五入没什么毛病，但为什么就感觉这么违和呢？这事还得从科学记数法和近似数说起。

科学记数法

科学记数法最早由阿基米德提出。

在现实生活中，我们会遇到一些极大或极小的数，比如全世界人口数大约是7 923 000 000、人体中大约有25 000 000 000 000个红细胞、金黄色葡萄球菌直径大约是0.000 000 8米等。这些数的共同特点是比较长，读、写均不方便，这时候就需要用到**科学记数法**了。它可以帮助我们免于浪费很多空间和时间，比传统的记数方法更为方便、简洁。

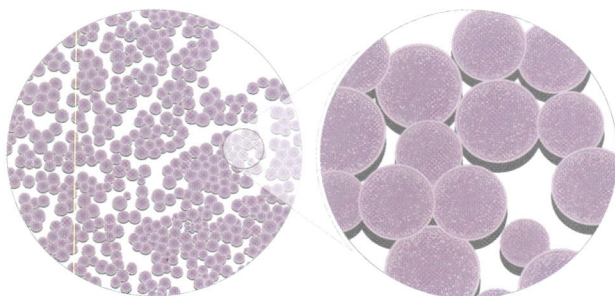

高倍显微镜下的金黄色葡萄球菌。

$$5326.6 = 5.3266 \times 10^3$$

真实值　测量值

$$精确度 \quad \mathcal{E} = \frac{|x_0 - x'|}{b - a}$$

[a，b]为测量范围

科学计数法：大于 10 的数可被记成 $a \times 10^n$ 的形式，其中 $1 \leqslant a < 10$，n 是正整数。

科学记数法的关键点在于**精确度**的选取：运用科学记数法 $a \times 10^n$ 的数字，它的精确度以 a 的最后一个数字在原数中的数位为准。如：32 184，精确到百位，记作 3.22×10^4。

精确位数为什么重要？

当我们要求一个数字的近似数时，首先要明确的是它的有效数字。在一个近似数中，从左边第一个不是 0 的数字起，到精确到的位数止，这中间所有的数字都叫这个近似数字的有效数字。如：890 314 000，保留 3 位有效数字为 8.90×10^8；0.009 345 93，保留 3 位有效数字为 9.35×10^{-3}。

如何看待有效数字精确位数的重要性呢？距离太阳最近的恒星半人马座比邻星，距太阳约 4.2 光年。倘若我们擅自把 4.2 精确到个位，近似为 4，在数值上看似只有 0.2 的差距，可再加上单位"**光年**"，近似后的距离与原距离就相差了将近 2000 万亿米，相当于绕地球赤道 5000 万圈了。回到开头的问题，四舍五入到亿肯定不合适。

光年，即光在真空中经过一年时间所走过的距离。
1 光年 =9 460 730 472 580 800 米

知识点

近似数：将准确数通过四舍五入法、进一法或去尾法等方式而得到的一个相差不大的数，被称为原准确数的近似数。

神奇的 π，到底是多少？

■ 刘旸

　　π 可能是最让人类着迷的一个**无理数**，尽管那时候人们并不知道，这个数几辈子也写不完。

> 有理数可以用有限小数或无限循环小数表示，而无理数则是无限不循环小数。

　　圆周长和圆直径的比例很奇怪，不管这个圆多大或者多小，当我们用周长除以直径时，得到的比例都是一样的，用数学的语言来说，这些圆都"**相似**"。我们给这个比例取名为圆周率，那么它到底是多少呢？

> 形状相同而大小不同的图形叫作相似图形。

　　我们能找到的较早的关于圆周率的记录，来自于古埃及的一本手卷《莱因德数学纸草书》。

　　这是在大概公元前1650年，一个叫阿姆士的僧侣在纸草上抄的一部数学著作，现在收藏在大英博物馆，还有少量缺失部分被收藏在美国纽约布鲁克林博物馆。既然是抄录，原作肯定就更为古老，据纸草书的前言

π = 3.1415…

所说，原文是公元前1800多年的著作。这本书里用的圆周率是256/81，大约是3.1605，到3.1都是准确的，实在是了不起。

但在后来漫长的时间里，四大文明古国——古埃及、古巴比伦、中国和古印度，都是用3来代表**圆周率**从而完成周长计算的。史料中提到"铸一个铜海，样式是圆的，高五肘、径十肘，围三十肘"，显然，"径十肘，围三十肘"就是把圆周率当3来用的。

一个圆的周长和其直径的比值。

阿基米德在公元前200多年开始计算圆周率，他计算圆周率的方法，被简称为"逼近法"。就是计算稍微大于圆周和略小于圆周的多边形的边长，从而框定圆周长的取值范围。

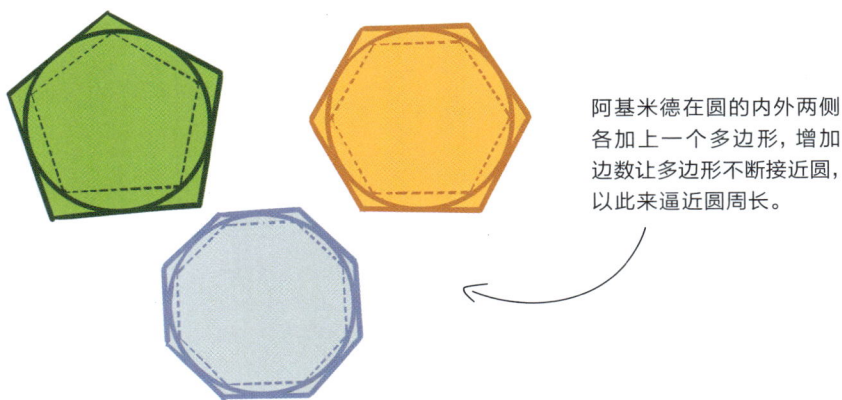

阿基米德在圆的内外两侧各加上一个多边形，增加边数让多边形不断接近圆，以此来逼近圆周长。

多边形的边数越多,圆内外两侧的两个多边形的周长也彼此越接近,框定的范围就越小。最终他用正九十六边形来逼近圆的周长,证明出π这个值比3.1408大,而比3.1428小,把圆周率精确到3.14。

我们所熟悉的中国数学家祖冲之也是用近似图形的思路计算圆周率,与阿基米德利用周长的方法一样,祖冲之也是通过周长来估算圆周率。

虽然位数有限,但实际上利用多边形这个方法,理论上可以把圆周率精确到任意精度,只是随着位数增多,计算过程也会越来越复杂。

圆周率的计算在全世界是"多起源"的,而且很长一段时间,大家都觉得π可以用有限小数或循环小数表示,因此想尽办法希望找出π的真正值。**虽然现在大家都知道$\sqrt{2}$是无理数**,但π的无理性证明就复杂得多,直到1761年才完成。这时人们才死心,原来π是个无理数。

毕达哥拉斯学派有一个信条:"万物皆数",即"宇宙间的一切现象都能归结为整数或整数之比",也就是一切现象都可以用有理数去描述。公元前5世纪,一位成员希伯索斯发现边长为1的正方形的对角线的长不能用整数或整数之比来表示,这个发现动摇了毕达哥拉斯学派的信条,据说,希伯索斯为此被投入了大海。

后来,古希腊人证明了希伯索斯的发现:假设边长为1的正方形的对角线的长可写成两个整数p、q的比$\frac{p}{q}$(p,q互质),于是有$\left(\frac{p}{q}\right)^2=2$,$p^2=2q^2$。

因此,p^2是偶数,p是偶数。

于是可设$p=2m$,那么$p^2=4m^2=2q^2$,$q^2=2m^2$。这就是说,q^2是偶数,q也是偶数,这与"p、q是互质的两个整数"的假设矛盾。

从无理数的发现可以看出,无理数并不"无理",它和有理数一样都是现实世界中客观存在的量的反映。

同时，π的位数也由于新方法的引入，有了颠覆性的发展：18世纪初，π被算到小数点后100位，到了19世纪就达到700多位（尽管很多算错了……）。

计算到这么精确的程度，在实际应用中似乎是冗余的。

哪怕精细如建筑师、工程师，也并不需要使用过于精密的圆周率，只需要一个近似值就够了——即使将圆周率精确到小数点后10位，计算出的**地球周长**，误差也只有0.2米。甚至再精确一些，精确到小数点后39位，用于计算**整个宇宙**的周长，误差也不会超过0.001纳米（还不到一个氢原子的半径）。

对π的计算可以说是数学史的缩影，数学的发展，正如一场智力游戏，让我们看到了人类的智慧究竟能达到什么程度。

地球赤道周长约为40.075千米。

根据目前推测，可观测宇宙的半径长度约为465亿光年。

知识点

π是数学中最重要的无理数之一，计算圆的面积是πr^2，圆的周长是$2\pi r$，其中r是指圆的半径。

6个人的宿舍能组几个微信群?

■ 吴文庆

"一间宿舍6个人有5个微信群"的网络段子曾经刷过屏。虽然这个段子只是调侃,真实生活中我们的宿舍生活也没有"宫斗剧那么精彩",但是万事就怕认真二字,下面我们就来深入研究一下这个问题。

假如你所在的6人宿舍除了平时一对一私聊之外,你们还会拉各种不同人数的微信群,成立3人群、4人群、5人群(当然还有一个6人大群)。那么问题来了。

你们宿舍最多能建多少个不同的群?又有多少个群是你没有参与的?

> Venn图用于展示在不同的事物群组(集合)之间的数学或逻辑联系,也常常被用来帮助推导(或理解推导过程)关于集合运算(或类运算)的一些规律。
> Venn图的外框U表示全集,如"所有人";里面不同的圆圈代表不同的集合,若圆圈相交,则相交部分表示这两个集合的交集。

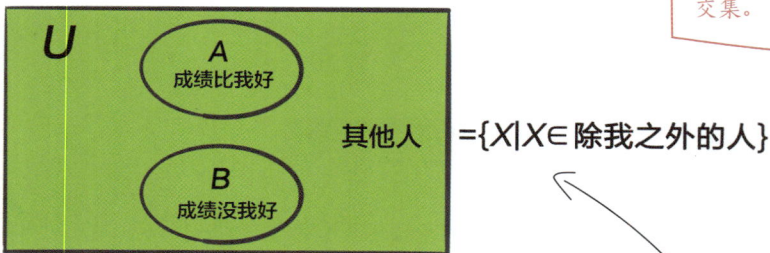

其他人 $=\{X\,|\,X\in$ 除我之外的人$\}$

第一视角宿舍关系 Venn 图。

敲黑板了同学们,这不是"送命题",这是关于"集合的子集个数"的送分题啊!

要解决这个问题,你首先需要知道,一个n元集合的**子集**个数是2^n。

想知道证明过程的看这里:

比如$\{1,2,3,\cdots,n\}$这个集合,我们可以按照元素的个数把它的子集分成$n+1$类。

> 一般地,如果集合A中的任意一个元素都是集合B中的元素,那么集合A叫作集合B的子集,记作A包含于B($A \subset B$)。空集$\varnothing$是任意一个集合的子集。

含有0个元素:$\varnothing$

含有1个元素:$\{1\}$,$\{2\}$ 等 n 个

含有2个元素:$\{1,2\}$,$\{1,3\}$ 等 C_n^2 个

......

含有 n 个元素:$\{1,2,3,\cdots,n\}$

写出来就是:

> C_n^m 表示在 n 个不同的元素中随机取 $m(m\leq n)$ 个元素并成一组,能够组成的组合个数。

$$C_n^0+C_n^1+\cdots+C_n^n=2^n$$

> 这是二项式定理的推论,杨辉三角形也蕴含这个结论。

现在你可以轻易得出,一个六元集合(也就是你的6人宿舍)的子集个数是 $2^6=64$ 个。不过这不是最终答案,你得减去 $\varnothing$(一个人也没有的群)1个、一个元素的集合(难不成要自说自话吗?)6个、两个元素的集合(直接私聊就行了,为啥要建群?)15个,最后得到的答案是……42个。

$$(a+b)^n=C_n^0a^n+C_n^1a^{n-1}b^1+\cdots+C_n^ka^{n-k}b^k+\cdots+C_n^{n-1}a^1b^{n-1}+C_n^nb^n(n\in \mathbf{N}^*)$$

> 这是二项式定理。

看到这里你肯定很好奇了：那不包括我的群又有多少个呢？

我们不妨先思考这样一个问题，$\{1, 2, 3, \cdots, n\}$ 这个集合里含有元素 "1" 的子集有多少个呢？你可以把子集分为含有元素 "1" 的子集和不含有 "1" 的子集。不含有 "1" 的子集可以理解为 $\{2, 3, \cdots, n\}$ 的某个子集，共有 2^{n-1} 个，这每一个子集都可以并上 $\{1\}$ 成为一个对应的子集，于是含有 "1" 的子集和不含有 "1" 的子集一一对应，各占子集数的一半。

你可以照这个思路算一算，不包括你的群可是有16个啊！

竟然有这么多个群是没有自己参与的，赶紧把下面的知识

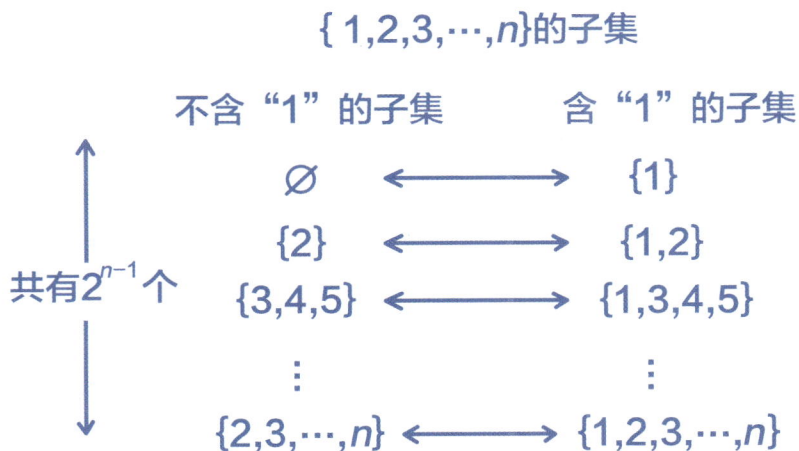

$\{1, 2, 3, \cdots, n\}$的子集

不含 "1" 的子集   含 "1" 的子集

共有 2^{n-1} 个

$\varnothing \longleftrightarrow \{1\}$

$\{2\} \longleftrightarrow \{1, 2\}$

$\{3, 4, 5\} \longleftrightarrow \{1, 3, 4, 5\}$

$\vdots \qquad\qquad \vdots$

$\{2, 3, \cdots, n\} \longleftrightarrow \{1, 2, 3, \cdots, n\}$

点也学起来!

你可以用刚才的结论求集合 $\{1,2,3,\cdots,n\}$ 所有子集中所有元素的和。所有子集里面，1出现了 2^{n-1} 次，同理我们可以研究含不含"2"的子集，可以得到2同样出现了 2^{n-1} 次，于是所有元素的和为（$1+2+3+\cdots+n$）$\times 2^{n-1}$。

这个结论还可以解决奇子集和偶子集的个数问题。

刚刚含"1"和不含"1"的子集分类还形成了一组一组的对应，我们可以发现每组对应中，子集元素的和一定是一奇一偶，因为加上"1"一定会改变原来和的奇偶性，所以奇偶子集各占一半。这里

例题：集合 $\{x\in N\,|\,x<2018\}$ 的所有非空真子集中，集合元素的和为奇数的子集数为_____。

如果 A 是 B 的子集但又不等于 B，则 A 是 B 的真子集。若 A 不是空集，则 A 是 B 的非空真子集。

把"1"换成其他奇数也是一样的。答案是不是就很容易算出来了呢？

上面涉及的知识点，就叫集合的划分，并且是很特殊的一个情况。集合还有很多其他的划分方式，本文仅对这种我们常见的划分方式做一些解释，希望大家有所收获。关于宿舍建群的问题也只是调侃，希望大家跟舍友互相关爱，共同学习进步！

知识点

一般地，我们把研究对象统称为元素，把一些元素组成的总体叫作集合（简称为集）。给定的集合，它的元素必须是确定的，也就是说，给定一个集合，那么任何一个元素在不在这个集合中就确定了。一个给定集合中的元素是互不相同的，也就是说，集合中的元素是不重复出现的。

数学家都不会做的小游戏

■ 赵世恩

所谓数列，指的是按照**先后顺序**排列好的一列数。对于一个数列，我们一般写作$\{a_n\}$。a_1叫作这个数列的首项，a_n叫作这个数列的第n项，又因为这里的n可以是任意的正整数，因此我们也将a_n叫作数列的通项。

> 这里的"先后顺序"不是"大小顺序"，表示数列的各项不可以随意调换位置，而位置与大小无关。

人们对数列的研究主要聚焦于3个方面：第一，研究数列$\{a_n\}$的**通项公式**，即a_n和n的关系。这样，我们就能够通过n表示出数列的所有项。第二，研究数列的$\{a_n\}$的变化趋势，即$\{a_n\}$是递增的、递减的或是周期性的，数列是**收敛的还是发散的**等。第三，研究数列$\{a_n\}$的前n项的和S_n，以及它们构成的新数列$\{S_n\}$。

> 除了通项公式，另一种算出a_n的方式是用递推公式，即a_n与它前一项a_{n-1}的关系式。若已知数列$\{a_n\}$的递推公式和第一项a_1，则可以知道此数列的任意一项。

在高中阶段，我们要学到**等差数列、等比数列**及它们的推广形式。历史上也有许多著名的数列，例如斐波那契数列、三角函数、卡特兰数、杨辉三角、大衍数列等，今天我们来了解几个有趣的数列。

> 等差数列：从第2项起，每一项与前一项的差都是同一个常数。这个常数为等差数列的公差，通常用字母d表示。
>
> 等比数列：从第2项起，每一项与前一项的比都是同一个常数。这个常数为等比数列的公比，通常用字母q表示（$q \neq 0$）。

> 数列收敛指的是当n越来越大时，a_n会越来越靠近某个常数，当n无穷大时，a_n也会无限靠近那个常数。当n无穷大时，a_n趋于无穷大或在一定的跨度上摆动，即为数列发散。

推塔秘籍

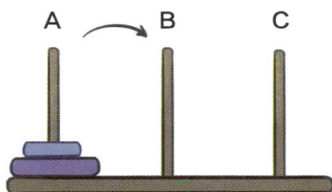

汉诺塔这种游戏，你一定不陌生，但你知道里面的套路吗？

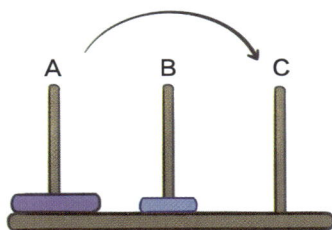

汉诺塔的游戏里有3根杆(编号A、B、C)，在A杆上，自下而上、由大到小按顺序放置多个盘子。游戏的目标是把A杆上的盘子全部移到C杆上，并仍保持原有顺序叠好。操作规则：每次只能移动一个盘子，并且在移动过程中，盘子可以置于A、B、C任一杆上，但每根杆上都始终保持大盘在下、小盘在上。

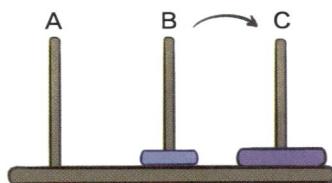

为了顺利地完成游戏，我们要先研究一下这个数列：a_n 表示当盘子个数为 n 时，我们需要移动盘子的次数。

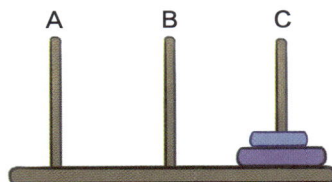

这时，我们非常关心该数列的通项公式。为此，我们计算出该数列的前两项如下：

当 $n=1$ 时，我们很容易就得出 $a_n=1$；

当 $n=2$ 时，$a_n=3$；

当 $n=3$ 时，我们可以分以下3步完成。

第一，将A杆视为"起始杆"，C杆视为"过渡杆"，B杆视为"目标杆"，将前2个盘子移动到B杆上，移动了3次。

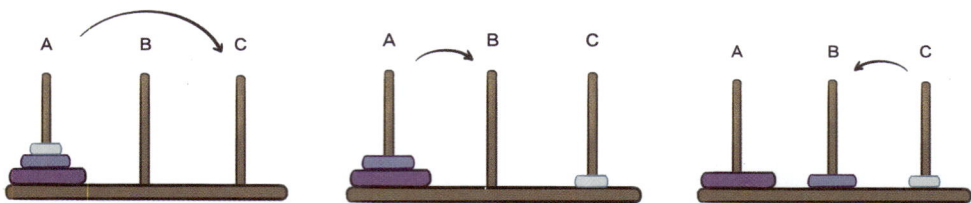

第二，将最下面的1个盘子从A杆移动到C杆，移动了1次。

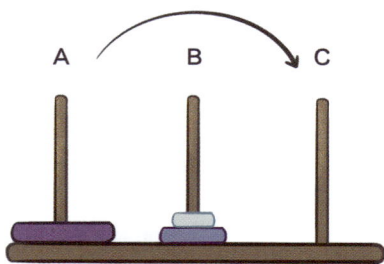

最后，将B杆视为"起始杆"，A杆视为"过渡杆"，C杆视为"目标杆"，将2个盘子移动到C杆上，又移动了3次。

我们得到 $a_3 = 7 = 2a_2 + 1$。通过类似的方法，我们得到相邻两项的关系：$a_n = 2a_{n-1} + 1$。

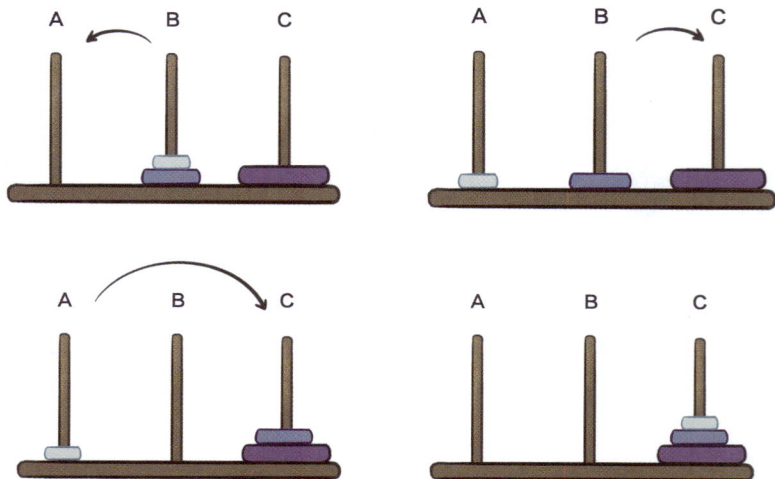

由上面的公式,我们可以利用高中所学习的处理数列的方法,两边同时加 1 得 $a_n+1=2(a_{n-1}+1)$,构造等比数列得到通项公式:$a_n=2^n-1$。

在高中数学中,我们经常会处理这样的问题:已知某一数列相邻两项的关系是 $a_n=ha_{n-1}+t$,h 和 t 已知,求该数列的通项公式。即用某一数列的递推公式求它的通项公式。

事实上,该问题就是汉诺塔问题的推广形式。

冰雹猜想(3N+1猜想)

20 世纪 70 年代中期,美国各所名牌大学校园内,人们都玩一种数学游戏。这种游戏十分简单,任意写出一个自然数 N,并且按照以下规律进行计算。

如果是个奇数,则下一步变成 $3N+1$;如果是个偶数,则下一步变成 $N/2$。

例如当 $N=27$ 时,这个数列就是:

27, 82, 41, 124, 62, 31, 94, 47, 142, 71, 214, 107, 322, 161, 484, 242, 121, 364, 182, 91, 274, 137, 412, 206, 103, 310, 155, 466, 233, 700, 350, 175, 526, 263, 790, 395, 1 186, 593, 1 780, 890, 445, 1 336, 668, 334, 167, 502, 251, 754, 377, 1 132, 566, 283, 850, 425, 1 276, 638, 319, 958, 479, 1 438, 719, 2 158, 1 079, 3 238, 1 619, 4 858, 2 429, 7 288, 3 644, 1 822, 911, 2 734, 1 367, 4 102, 2 051, 6 154, 3 077, 9 232, 4 616, 2 308, 1 154, 577, 1 732, 866, 433, 1 300, 650, 325, 976, 488, 244, 122, 61, 184, 92, 46, 23, 70, 35, 106, 53, 160, 80, 40, 20, 10, 5, 16, 8, 4, 2, 1, 4, 2, 1, 4, 2, 1, 4, 2, 1, 4, 2, 1, 4, 2, 1, 4, 2, 1, 4, 2, 1, 4, 2, 1, 4, 2, 1, 4, 2, 1,…

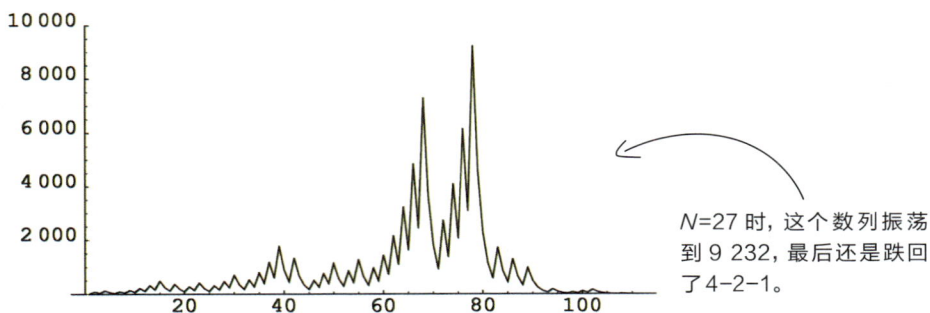

N=27 时，这个数列振荡到 9 232，最后还是跌回了 4-2-1。

　　一直计算下去，人们发现，无论N是怎样一个数字，最终都无法逃出落入4-2-1的循环，变化趋势非常奇特。

　　2011年，加州大学著名华人数学家陶哲轩在其研究博客上写下了这么一段话："不用说，我没有解决问题，但我更好地理解为什么这个猜想是（a）合理的，（b）不太可能被当前的技术证明，我会在我的博客上分享我的发现。"

　　题意如此清晰、明了、简单，连小学生都能看懂的问题，却难到了20世纪许多大数学家。著名学者盖伊在介绍这一世界难题的时候，竟然以"不要试图去解决这些问题"为标题。经过几十年的探索与研究，人们似乎接受了大数学家厄特希的说法："数学还没有成熟到足以解决这样的问题！"

0.999…到底为什么等于1

我们年轻的时候都思考过这么一个问题：为什么0.999…=1呢？其实这也可以通过数列证明。

首先我们考虑这个数列：

$$0.9, 0.09, 0.009, 0.0009, \cdots$$

> 你可以写出这个数列的通项公式和递推公式吗？

这是一个首项$a_1=0.9$，公比$q=0.1$的**等比数列**。而这个数列前n项和S_n组成的数列$\{S_n\}$是：

$$0.9, 0.99, 0.999, 0.9999, \cdots$$

我们可以发现$0.999\cdots$就是S_n的极限。根据等比数列求和公式 $S_n=0.9 \times [1-(0.1)^n]/(1-0.1)=1-(0.1)^n$，当$n$无穷大时，$(0.1)^n$趋近于0，我们很容易得到结论：$0.999\cdots=1$。

知识点

按一定顺序排列着的一列数称为数列，数列可以看成定义在正整数集或其有限子集上的函数，它是刻画离散过程的重要数学模型。

数列中的每一个数叫作这个数列的项，数列中的每一项都和它的序号有关，排在第一位的数称为这个数列的第一项（通常也叫作首项），排在第n位的数称为这个数列的第n项。所以，数列的一般形式可以写成

$$a_1, a_2, a_3, \cdots, a_n, \cdots$$

简记为$\{a_n\}$，项数有限的数列叫作有穷数列，项数无限的数列叫作无穷数列。

大自然里有玄机

■ 刘旸

如果你对生活观察得足够仔细，就能发现大自然中有很多对强迫症极为友善的现象——比如螺壳上规律变化的旋涡。螺壳上的每一圈都有一定的变化规律，这种规律的奇妙之处，就要从神奇的斐波那契数列说起了。

兔子谜题

史上最著名的一道兔子数学题是这样的：从前有一公一母两只兔子，它们从第二个月开始，每月生下一公一母两只兔子。而新出生的这一对兔子又可以从它们出生的第二个月开始，每月生下一公一母两只兔子。请问，一年之后总共有几对兔子呢？

算法是，新一月兔子总数=上月兔子总数+上上月兔子总数（因为每个月只有辈分最小的兔子不生育，年长的则两只生两只，数量翻倍）。于是按月排列，兔子对的数量是：0，1，1，2，3，5，8，13，21，34，55，89…后一项总是前两项之和。

如果我说得不明白，那当然也可以画图求解。

这道题目的出题者，就是"中世纪的天才数学家"斐波那契（Fibonacci），虽为天才，但他惧怕老爸，于是他的本姓成为他的标签永世流传（Fibonacci意为Bonacci的儿子）。"兔子问题"正是身为商人的老爸留给他的一道作业。

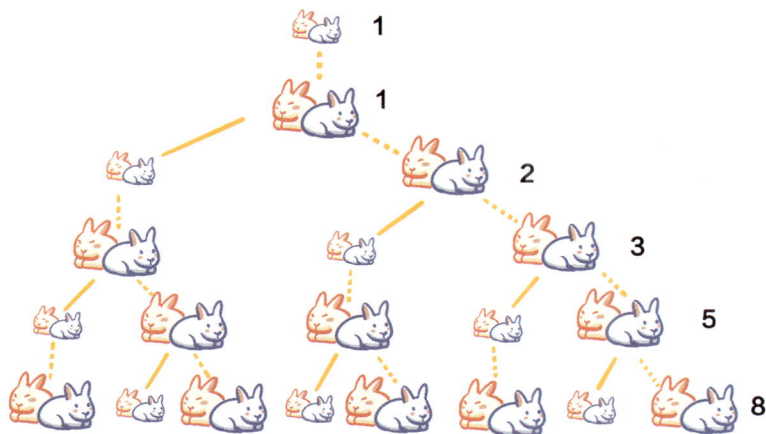

"0，1，1，2，3，5，8，13，21，34，55，89，144，233，377，610，987…"被称为**斐波那契数列**，这个数列从第三项开始，每一项都等于前两项之和。

斐波那契数列的递推公式是什么呢？尝试用数学语言写出"这个数列从第三项开始，每一项都等于前两项之和"吧。

这位数学家更有知名度的一项成就是将阿拉伯数字引入欧洲，当中国人写下"叁万捌仟肆佰陆拾壹加玖仟贰佰伍拾柒等于肆万柒仟柒佰壹拾捌"时，欧洲人已将晕头转向的"$\overline{XXX}$VMMCDLXI+$\overline{IX}$CCLVII=$\overline{XLV}$MMDCCXVIII"打入冷宫，转以"38 461+9257=47 718"代之。

言归正传，只有数学家才会因为一串毫无生产力价值的数兴奋不已。若真如此简单，斐波那契数列也不会纠缠世人800年。

我们先看动物界"疑难杂症"最多的小蜜蜂家族。除了一只蜂王是雌性，所有"劳动人民"（工蜂）也都是雌性，为双亲所生；而雄蜂却是孤雌生殖的产物。如下图所示，我们用拿一柄矛的"战神"♂符号表示雄性，用"梳妆镜"♀符号表示雌性,顺藤摸瓜地把二者祖辈都列出来。雄性的上辈、上上辈、上上上辈、上上上上辈等祖辈数目分别为1,2,3,5,…雌性的祖辈数目则分别为2,3,5,8,…于是斐波那契数列就出现了。

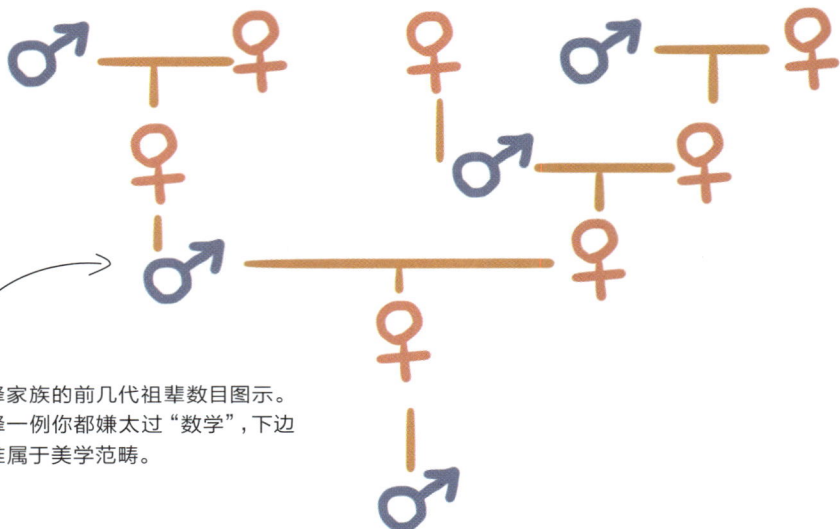

图为小蜜蜂家族的前几代祖辈数目图示。如果连蜜蜂一例你都嫌太过"数学",下边的例子保准属于美学范畴。

神秘美学现象

首先让我们以"斐波那契数"为边长画出一组正方形(下页图a),由于数列中每个数都是前二项之和,所以不论你停止在哪个斐波那契数,这些正方形都恰能转着圈地组成一个严丝合缝的"斐波那契矩形";再连接每个正方形的对角顶点画出四分之一圆周(蓝色螺旋线)——螺壳形图案就这样诞生了(下页图b)!

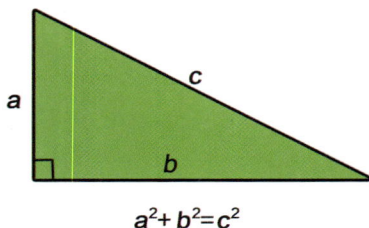

$$a^2 + b^2 = c^2$$

绝妙的是,图中这个螺壳形图案,最后两段圆弧的半径比13:21已经非常接近黄金分割比的数值0.618。你可以尝试计算一下——实际上斐波那契数列越向远方伸展,相邻两数之比则离黄金分割比越近,这就好比追求完美的道路"永无止境"。如果你数学再好一点，懂得**勾股定理**，请挑战图上两条相交的红线，你能看出来吗？这两条红线之比也总为黄金分割比的数值0.618。再看看下图b中这颗螺，比画比画它衣壳上的线段。它无法参透自己为什么在这一刻被斐波那契数列"灵魂附体"，也不明白自己怎么长出这么多黄金分割的图案，但它仍然美得不行。

勾股定理：三角形两直角边的平方和等于第三边的平方。

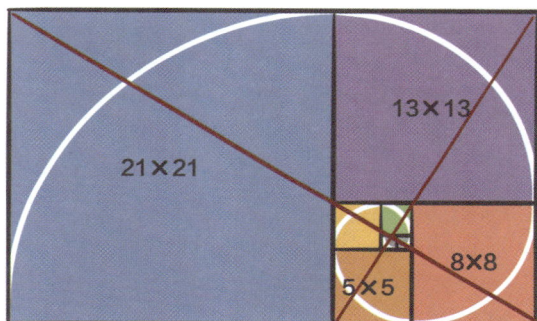

(a)

(b)

随处可见的斐波那契螺旋线

如果你细心观察，斐波那契螺旋线其实在生活中随处可见。

一个向日葵，中心的瓜子一律排成两组螺旋。虽然螺旋的数目会因头大头小而变化，但它们总是连续的两个斐波那契数。右下图中向日葵的两个螺旋数目分别为34和55，它们也是相邻的两个斐波那契数。可惜小时候从向日

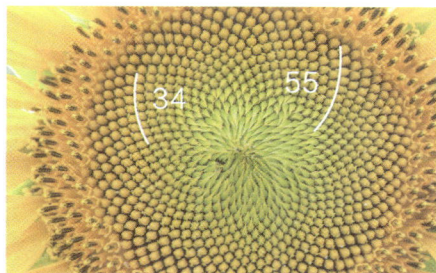

葵上抠瓜子的经历,既没有变作大脑里的数学,也没有变成眼里的美,倒是化作了门牙上那个豁口。

　　用同样方式体现斐波那契数列的地方还很多,比如进入市场,你可能就会被卷入一场"斐波那契狂舞"。井井有条的习惯固然不可多得,但是,乱七八糟同样可以活得很好;至于植物何以固执地摒弃无序、通过上万年突变的积累进化出一张完美的数学脸,我们只能叹一句"神奇"作为回应。

市场里的斐波那契数列。

知识点

如果一个数列 $\{a_n\}$ 的首项 $a_1=1$,从第二项起每一项等于它的前一项的2倍再加1,即

$a_n=2a_{n-1}+1$（$n>1$）

那么

$a_2=2a_1+1=3$

$a_3=2a_2+1=7$

……

像这样给出数列的方法叫作递推法,其中

$a_n=2a_{n-1}+1$（$n>1$）

称为递推公式,递推公式也是数列的一种表示方法。

柏拉图的难题

■ 方弦

这个传说，来自那个人们崇拜众神的年代。

曾经，在古希腊的提洛岛，瘟疫降临到了人们身上。大家认为这是太阳神阿波罗为了惩戒岛上的居民而降下的神罚，但没有人知道具体应该怎么平息阿波罗的怒火。

人们提出了一个又一个方案，但谁也说服不了谁，争论愈演愈烈，许多人反目成仇，而瘟疫在众人的踌躇之下，也日益加重。最后，人们决定直接向阿波罗祈求，希望他能降下神谕，指示他们如何解决瘟疫。

很快，岛民向德尔斐神庙派出的使者拿回了神谕：要让瘟疫平息，岛民必须建造一个新祭坛，跟原来的祭坛一样是个立方体，但体积要是原来的2倍。岛民们百思不得其解，只好到雅典请教著名的哲学家和数学家——**柏拉图**。

想难住柏拉图吗？

柏拉图（公元前429年—公元前347年）是苏格拉底的学生，亚里士多德的老师，他们三人被广泛认为是西方哲学的奠基者。

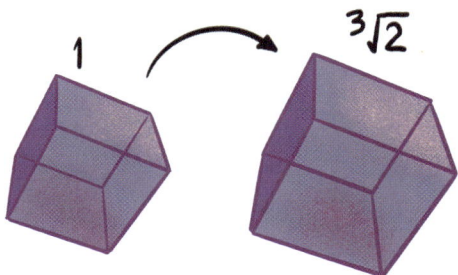

1

$\sqrt[3]{2}$

边长为 1 的正方体，体积变为 2 倍后，边长变为 $\sqrt[3]{2}$。

柏拉图很快理解了问题的实质：如果原来祭坛的边长是1的话，假设新祭坛的边长是a，它的体积就是a^3。要让新祭坛的体积是原来的2倍，那就是说$a^3=2$，也就是新祭坛的边长必须是$\sqrt[3]{2}$。

现在，阿波罗给出的难题就变成了：给定一条长度确定的线段，如何作出另一条线段，它的长度是给定线段长度的$\sqrt[3]{2}$倍？

这不是个容易的问题。尽管柏拉图和他的门生对于几何颇有研究，但一时之间也无法用传统的方法完成这项任务。

于是柏拉图告诉岛民，阿波罗神谕的本意，并不在于建造新祭坛，而是希望岛民通过好好研究数学，静下心来，通过相互沟通解决目前的困境。

传说到这里就结束了，但数学从这里才刚开始。

难题毕竟是难题，于是柏拉图召集了许多学者，尝试解决阿波罗神谕的问题。柏拉图学派人才辈出，很快，一位名为梅内克穆斯的学者，提出了一种力学方法，通过绘画曲线得出想要的答案。

但柏拉图对此并不认同。他觉得，只有用**圆规和直尺**完成的作图，才是精确无误的。古希腊人用的直尺可是没有刻度的。于是，用圆规和无刻度直尺，从长度为1的线段开始，用有限步作出长度为$\sqrt[3]{2}$的线段，这就成为了古希腊的几何难题之一——倍立方问题。

在尺规作图中，直尺和圆规的定义是：

直尺：一侧为无穷长的直线，没有刻度也无法标识刻度的工具。只可以用笔摹下这个直线的全部或一部分。

圆规：由两端点构成的工具。可以在保持两个端点之间的距离不变的情况下，将两个端点同时移动，或者只固定其中一个端点，让另一个端点移动，作出圆弧或圆。两个端点之间的距离只能取已经作出的两点之间的距离，或者任意一个未知的距离。

直到古希腊分崩离析,倍立方问题也没有解决。它与"化圆为方"(画出面积与给定的圆相等的正方形)及"三等分角"(将任意角三等分)并称为古希腊三大几何难题。其实,如果允许用圆规和无刻度直尺之外的工具,那么这3个问题都有答案。但尺规作图这个限制,使这些问题变得无比困难。

直到19世纪,才终于有人证明了用尺规作图的方法不可能解决倍立方问题。

说到底,倍立方问题的实质就是用尺规作图来作出一条长度为 $\sqrt[3]{2}$ 的线段。但数学家发现,尺规作图并不能得到任意长度的线段。那些能用尺规作图作出来的长度被称为"**规矩数**",而 $\sqrt[3]{2}$ 并不是规矩数,所以尺规作图不能解决倍立方问题。

利用尺规作图可以将两线段的长度进行四则运算,也可以求出一线段长度的平方根。因此规矩数包括:所有有理数;规矩数的算术平方根、四次方根、八次方根等 2^n 次方根;规矩数相加、相减、相乘、相除(除数不得为0)的结果。

知识点

在平面内,对于相似图形,它们的面积比=(对应边的比)^2。
同样,推广到空间内,对于相似立体图形,它们的体积比=(对应边的比)^3。

尺规作图是拿着尺子比画吗？

■ 马二

古代的数学大牛们，大多有一项高雅的爱好：尺规作图。阿基米德、高斯和伽罗华，都是这项趣味项目的忠实拥趸，他们尤其喜欢用尺规作图绘制各种正多边形，由此衍生出许多的数学课题。

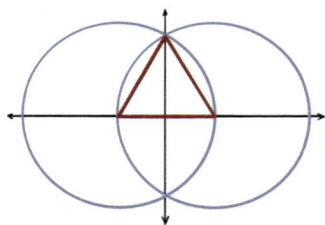

利用尺规画正多边形，好像也不是很难。拿正三角形来说，用圆规随意画两个互相经过圆心的圆，然后把两个圆心和某一个交点连起来就成了。

> 这里用到了正方形两对角线互相垂直且平分的性质。

正方形也很简单，画两条垂直的线段，再以垂足为圆心用圆规随便画一个圆，然后把4个交点连起来，就得到一个**正方形**。

那正五边形该怎么画呢？

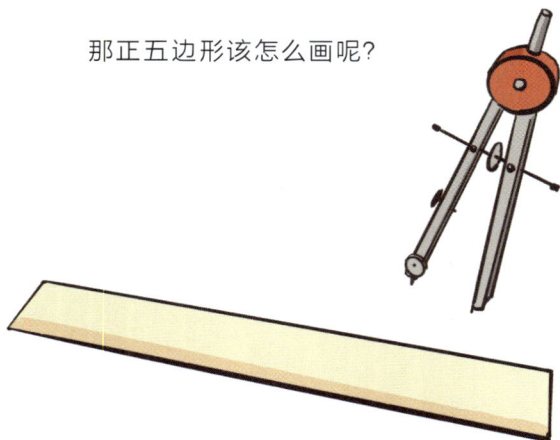

尺规作图。

有趣的图形

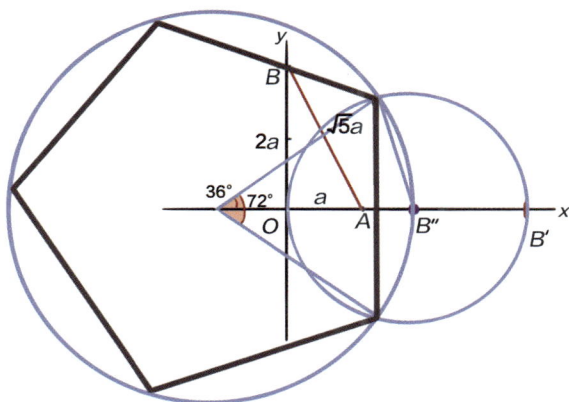

一旦考虑到正五边形,画图难度就陡然增加了。实际上正五边形的尺规作图法是这样的,看着是不是一脸蒙圈?

想要画出一个正五边形,首先我们需要仔细观察一下。正五边形可以划分成5个一样的三角形,顶角都是72°。所以画正五边形的问题实际就是找出一个72°的角。

72°的角可以在这样的一个三角形中重构:先画一个顶角为36°的等腰三角形$\triangle ABC$,它的底角就是72°(恰好是顶角的2倍),作底角的角平分线得到一个新的等腰三角形$\triangle DAB$。

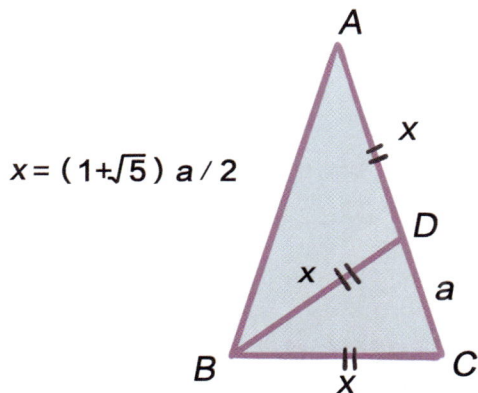

$$x = (1+\sqrt{5})\, a\, /\, 2$$

假设BC的长是x，那么AD和BD的长也是x，再假设DC的长是a，现在按照**相似比**就可以得到一个比例式：$(x+a)/x=x/a$。由这个比例式能够推算出来$x=\dfrac{1+\sqrt{5}}{2}a$。现在我们尝试用这些比例构建一个72°的角，正五边形就能做出来了。

构造72°

首先我们在一组垂线上构造了$OA=a$，$OB=2OA=2a$，那么AB明显就是$\sqrt{5}a$。

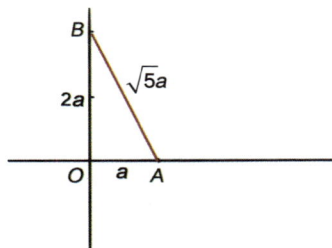

现在我们需要构造$x=\dfrac{1+\sqrt{5}}{2}a$这个数字。以AB作为半径在横轴上截取一段AB'，那么OB'的长就是$(1+\sqrt{5})a$。在这条线段上找到中点B''，于是OB''就是我们需要的长度x。

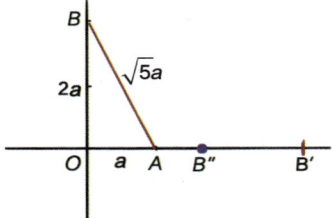

做一个A关于O点的对称点A'，$A'B''$就是$x+a$。

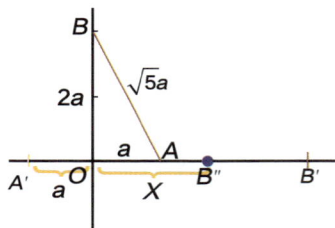

现在分别以B''为圆心、OB''为半径，A'为圆心、$A'B''$为半径画圆，你就能找到刚才我们构造的等腰三角形了，然后一举找到72°的圆心角。

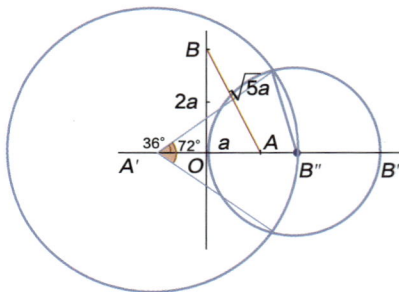

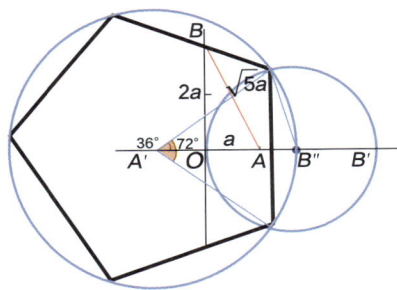

在圆 A' 上拼齐其他几条边,就是个完整的正五边形。

高斯与正十七边形

当然,每当谈起此类问题时,我们都一定要隆重"吹捧"一下数学王子高斯,他年轻的时候就证明了正十七边形可以用尺规作出来,这可是数学史的重大突破。

绘制正十七边形的思路其实也是构造相应的圆心角。若是感兴趣,你可以上网搜一搜绘制的动图,看完整个过程的人大多会陷入深深的疑惑和空虚之中。

高斯这个人外表高冷、内心澎湃,用尺规绘制出了正十七边形后,心里很是自豪,后来还特意让人在自己的墓碑上凿刻一个正十七边形。不过据说石匠觉得正十七边形跟圆也没什么区别,就没给他刻,这也是一大憾事呢。

知识点

任何尺规作图的过程均可分解为以下5个操作:
通过两个已知点可作一条直线;
已知圆心和半径可作一个圆;
若两条已知直线相交,可确定其交点;
若已知直线和一个已知圆相交,可确定其交点;
若两个已知圆相交,可确定其交点。

蜜蜂的正六边形公寓

■ 孙亚飞

蜜蜂是这个世界上最神奇的昆虫之一,它们具有严密的团队组织结构,还有高超得不逊于人类的建筑技巧。虽然蚂蚁也有这样的能耐,可相比于蚁穴那看起来毫无规律的建筑形式,蜂巢更像是排列整齐的公寓。如果说蚂蚁是不按套路出牌的艺术家,那么蜜蜂就更像是严谨的科学家。

如果把蜂巢平移一定的距离,让这些格子出现在新位置,正好能够覆盖原来的格子。这种重复的规律结构,就跟"平移"操作出来的一样。

为什么小格子偏偏做成正六边形?

其实是因为正六边形排列的结构,是对空间利用率最高的一种方式。当每只蜜蜂需要的空间和材料是一致的时候

> 正六边形内角相等,均为120°;
> 6 条边相等;
> 过中心可分成 6 个全等正三角形。

蜜蜂把自己的蜂巢建成一个个**正六边形**的小格子,每一个都如出一辙。

（即所有格子的面积都确定），只有堆砌成整齐排列的正六边形，才能做到既没有空隙，又让总的面积足够大。简单来说，就是建成正六边形，才能花最少的料，建最大的场子。

这个现象的背后其实有很有意思的几何原理。

我们都知道，圆形是等周长的条件下，面积最大的一种形状。但**圆形之间不能彼此贴合消除空隙**，也就不能完全覆盖整个平面。能够紧密贴合覆盖整个平面的正多边形，只有三角形、正方形与正六边形，而最接近圆形的正六边形就成了最有效率的搭建模型。

原子们也喜欢的形式堆积

原子是构成世界万物的"建筑材料"，十分微小，通过一般的显微镜无法看到。从外形上看，原子就像一个个小圆球，假如它们毫无限制地堆到一起，就会采取下图中的搭建方式，形成最致密的结构。在同一个平面上，每一个小球的周围都有6个小球，连接它们的球心，正好构成一个个正六边形。

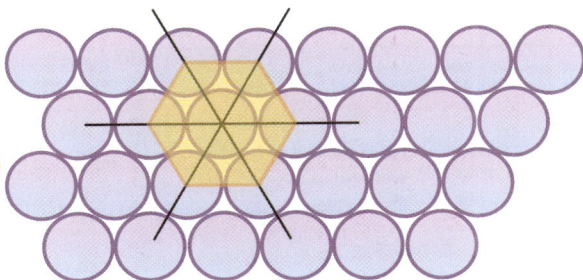

说起原子排布，就不得不说说石墨。

石墨是一种常见的物质，铅笔芯能够用来书写主要依靠的就是石墨。它们的微观结构跟蜂巢如出一辙。碳原子就是构成"蜂巢"的材料，而石墨就是由这一层层"蜂巢"堆叠而成的。

在每一层石墨晶体中，每个碳原子都会和另外3个碳原子紧密结合，这样的结构保证了原子之间可以近乎于无限重复地连接，形成一张巨大的六边形网。

而且，因为石墨中碳原子之间的作用力非常大，甚至比金刚石里碳原子之间的作用力还要大，且每个原子都受力均匀，所以石墨的单层结构特别稳定，很难通过外力将它们破坏。

有意思的是，虽然单层石墨原子结构稳定，但层与层之间的作用力很小，就像堆起来的纸张，彼此之间很容易发生"平移"。

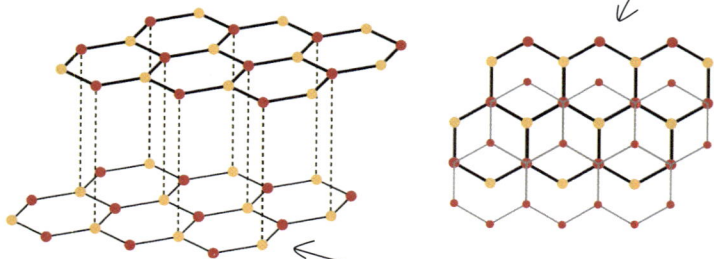

这种六边形的结构足够稳定。如果一个碳原子只和另外两个碳原子结合，一来很难形成无限结构，二来如果哪个连接断开，整个结构就报废了。图片来源：李伟。

层与层之间结合力小，容易发生平移。图片来源：李伟。

也正是有了这样的特点，石墨才可以充当铅笔芯，由碳原子构成的微型"蜂巢"在摩擦力作用下，一层层地从笔芯上脱落，附着到纸上。

石墨烯的二维
排布。

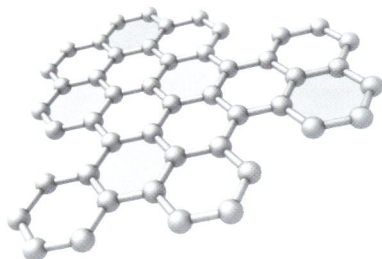

　　这本是人们习以为常的一种现象,然而就在2004年,英国曼彻斯特大学的科学家安德烈·盖姆对此动起了脑筋:既然石墨可以一层层地脱落,那么有没有可能获得单层的石墨呢?

　　于是,盖姆就用一种特制的胶带,一次次地剥离出石墨。功夫不负有心人,他最终得到了单层的石墨,并将其命名为"石墨烯"。

　　不要小看它,正因为单层石墨原子结构稳定,石墨烯成为目前已发现的最薄但强度最大的纳米材料之一。因为具有优异的光学、电学、力学特性,它被认为是一种很有前景的革命性材料。它的发现开创了近年来前沿科学的一项热门研究领域,而盖姆本人也因此获得了2010年的诺贝尔物理学奖。

知识点

　　纳米材料广义上指三维空间中至少有一维处于纳米尺度范围(1~100纳米),或者由该尺度范围的物质为基本结构单元所构成的材料的总称。由于纳米尺寸的物质具有与宏观物质迥异的表面效应、小尺寸效应、宏观量子隧道效应和量子限域效应,因而纳米材料具有异于普通材料的光、电、磁、热、力学、机械等性能。

家庭主妇破解世纪难题

■ 吴文庆、大琳砸

　　我们时常会在科学史中看到一些"扫地僧"式的人物，他们名不见经传，甚至没受过正规的科学训练，却能无心插柳地鼓捣出一个大发现，成为江湖上不朽的传说。1975年，美国一位家庭主妇也成了这样一个人物，凭借在图形镶嵌上的突破性发现，一举成为数学界的新星。

> 金庸武侠小说《天龙八部》中一位在少林寺负责打扫藏经阁的无名老僧人，武功深不可测，此处比喻一个人颇有智慧，而深藏不露。

　　这个主妇叫马乔里·赖斯，在了解她的故事之前，我们需要熟悉一下她的研究领域——图形镶嵌。

什么是图形镶嵌呢？

　　图形镶嵌，通俗来说就是一门铺砖的学问。

　　数学家在讨论图形镶嵌时，有严谨的分类和定义，如周期性镶嵌（出现的图案是周期性重复的）、非周期镶嵌等，本文讨论的是周期性镶嵌。

你家的地砖是什么
形状的?

在数学上,如果用形状、大小完全相同的一种或几种平面图形进行拼接,彼此之间不留空隙,不重叠地铺成一片,这样的拼接情况就被称作平面图形的镶嵌,也叫**密铺法**。

这个概念你也许并不熟悉,但铺地砖你一定不陌生,这是图形镶嵌应用最广泛的场景。你有没有想过,为什么地砖大多都是正方形的呢? 那是因为正方形可以说是最完美的四边形了:4条边相等,4个角都是直角,2条对角线长度相等且互相垂直平分。有这么多几何性质,我们很容易按照网格将一块地铺满。生活中的房间地面基本也以矩形为主,所以只需要对最边上那一排地砖进行切割就可以完美地将房间铺满。

用形状、大小完全相同的平面图形进行
拼接,彼此之间不留空隙、不重叠地铺
成一片,是平面图形的密铺。

在几何学中，凸多边形是一种简单多边形，其不存在边自我相交的情况，且任意两点之间连成的直线皆位于多边形内部。在凸多边形中，所有内角都小于或等于180°。

可见，只有具备一定性质的图形，才能成为一块合格的砖。

别看铺地砖这个事情没什么技术含量，从古希腊时期开始，人们就开始琢磨其中的门道了，人们时不时地就会思考这么一个问题：什么样的**凸多边形**才可以密铺平面呢？

我们首先会想到的是正多边形。正六边形可以把平面铺满，因为它的每个内角都是120°，在每个拼接点处，3个内角恰好能组成360°；同理，正三角形、正四边形也可以实现这个要求，而其他种类的正多边形却无法把平面铺满。（你知道这是为什么吗？）

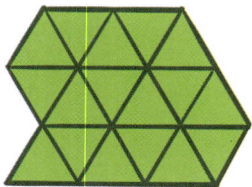

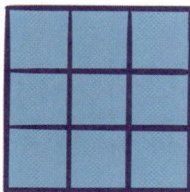

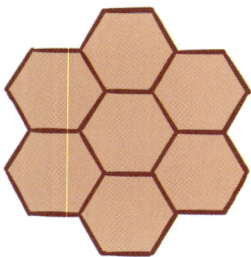

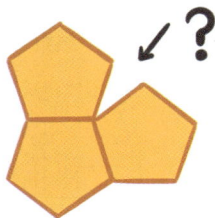

除正三角形、正四边形和正六边形外，其他正多边形都不可以把平面铺满。

不规则三角形

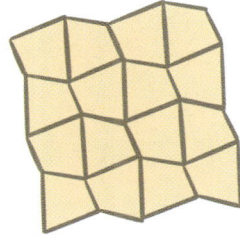

不规则四边形

除了正多边形以外,不规则多边形可以密铺平面吗?

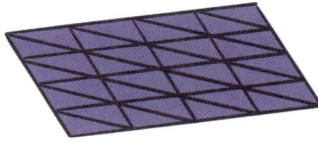

任意的三角形无疑是可以的,两个全等的三角形可以拼成平行四边形,平行四边形可以镶嵌;凸四边形也是可以的。那五边形可以吗?

破解世纪难题

当我们考虑到五边形时,事情就变得有趣起来。我们知道正五边形是无法镶嵌平面的,但一些特殊的不规则五边形却可以。德国数学家卡尔·莱因哈特于1918年发现了5种可以镶嵌平面的五边形,从那时起,寻找可以镶嵌平面的五边形并将它们分类就成了一个世纪难题。

最早发现的 5 种可以镶嵌平面的五边形。

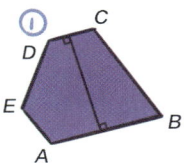

① $\angle B + \angle C = 180°$
$\angle A + \angle D + \angle E = 360°$

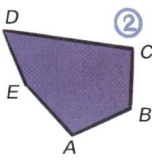

② $\angle B + \angle D = 180°$

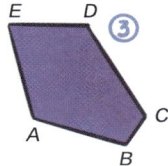

③ $\angle A = \angle C = \angle D = 120°$

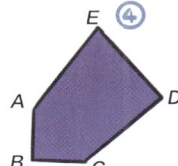

④ $\angle B = \angle D = 90°$

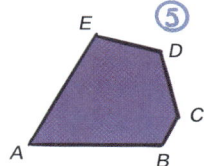

⑤ $\angle A = 60°$
$\angle D = 120°$

在当时，很多人认为所有可以镶嵌平面的五边形都已经找出来了，但事实并非如此：1968年，R.B.克什纳又发现了3种；1975年，理查德·詹姆斯也发现了1种。

同样是在1975年，本故事的女主角、美国圣迭戈的50多岁家庭主妇马乔里·赖斯从杂志上看到了这个“寻找五边形”的研究。马乔里是照顾5个孩子的全职妈妈，但她始终对数学充满浓厚的兴趣，经常趁孩子不在家的时候阅读与数学有关的文章，并尝试做一些研究。看到这个问题，她觉得没准自己也能试试，随后的日子里，马乔里开始在厨房的地板上涂涂画画，试图找到新的可以镶嵌平面的五边形。她不怎么会使用数学符号，就发明了一套自己的符号系统，这种土法研究看上去十分简陋，但是没想到真的被她找到了1种！

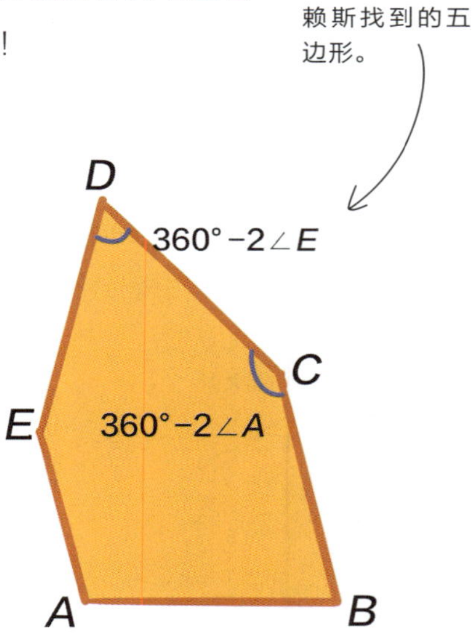
赖斯找到的五边形。
D
360° −2∠E
C
E
360° −2∠A
A
B

到了1977年，神勇的马乔里又发现了3种新的五边形，还发现了50多种其他类型的镶嵌图形，她的一位数学家朋友专门为其撰写了论文并获得发表。

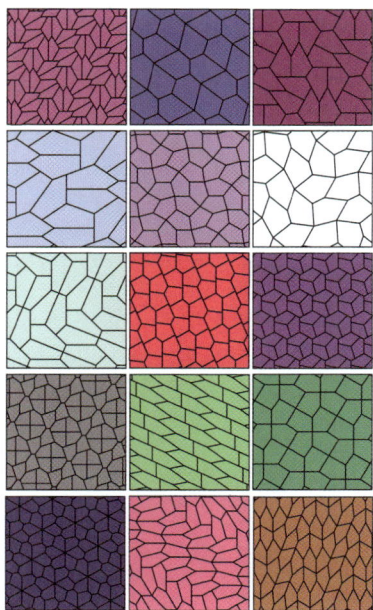

这 15 种五边形，可能就是问题的全部答案了。

截至现在，人类发现的、能够实现平面镶嵌的凸五边形也只有15种而已，马乔里独占4种，可以说是数学史上最"剽悍"的主妇了。2017年，有数学家证明，"五边形镶嵌"问题只存在这15种答案，如果这种说法最终得到确认，那这个世纪难题就要正式落下帷幕了。

为什么这么多数学家对平面镶嵌理论如此着迷呢？除了其自身所具有的几何学美感之外，它背后的应用价值也值得我们一探究竟。我们利用它设计建筑的各种图案，计算如何最大化利用空间，节省成本。在如何优化**晶体结构**等问题中，它也发挥着巨大的作用。现在再看你脚下的地砖，是不是觉得它不再那么平凡了呢？

知识点

在平面内，由一些线段首尾顺次相接组成的封闭图形叫作多边形（polygon），如果一个多边形由n条线段组成，那么这个多边形就叫作n边形。

多边形相邻两边组成的角叫作它的内角，多边形的边与它的邻边延长线组成的角叫作多边形的外角。n边形内角和为$(n-2) \times 180°$。

像正方形这样，各个角都相等、各条边都相等的多边形叫作正多边形（regular polygon）。

晶体内部的原子、离子、分子通过化学键相互作用，在空间形成三维周期性的规则排列。在进行晶体构建过程中，借助平面镶嵌理论可以对体系进行调整，得到一个相对稳定的基态结构。

飞蛾扑火？只因没学好平行线

■ 卢声怡

东汉末年的一天，曹操邀刘备青梅煮酒，点评天下英雄。时值曹操点破"天下英雄，惟使君与操耳"，忽闻雷声大作，刘备手中的汤勺和筷子落于地上。

如果这时刘备一指地面上的两根筷子说道："瞧，如果把它们想像成两端可以无限延伸的直线，必定只有相交与不相交。不相交，则名曰互相平行。"

曹操补充："若一在地上，一在桌上，虽不相交，亦不可谓之平行也。"

可以想像，对知识的探究，也许能让彼此提防的双方放下猜忌，沉浸在思维的乐趣中，并就此改写历史。

当然，这只是开个脑洞。

不过这个故事跟老师抛落两根小棒来探究两条直线之间的位置关系，本质上是一个意思。

那些我们习以为常的 **平行**，有着许多有趣的故事。街头平行的斑马线，就有悠久的历史。

> 几何中，在同一平面内，永不相交（也永不重合）的两条直线叫作平行线。

斑马线用平行条纹的方式，将行人集中到一处过马路，便于来往车辆辨认。

传说从古罗马时期的庞贝城到19世纪前的伦敦，行人与车马之间的混杂行驶，不但使路人处于危险境地，更是爆发社会革命的诱因。虽说"从前交通工具慢"，但人被车马撞一下也很容易受伤。

所以，为了过马路更安全，人们在路中砌起一块块石头，称为"跳石"，形如乡野溪流中特意摆放的一串踏脚石，而且跳石之间互相平行。

古罗马时期庞贝城道路中的"跳石"。

当马车经过时,因为两个轮子的距离正好是某两块跳石之间的距离,所以可以无障碍地通过,而行人获得了平行跳石的帮助,可以闲庭信步过马路,俨然有山野间蹚石过溪的韵味。

有人认为,正是这些跳石慢慢演化成了地上白色的平行线。后来因它整体黑白相间的外形,又被称为斑马线。

虽然这个说法因为时间久远,并没有办法考证,但毋庸置疑的是,在生活中使用平行线的做法,由来已久。

再把视线放到自然界中,飞蛾扑火的故事则与平行线有关。

遥远的日月星光对于地球上的生物来说,就近似于平行线。

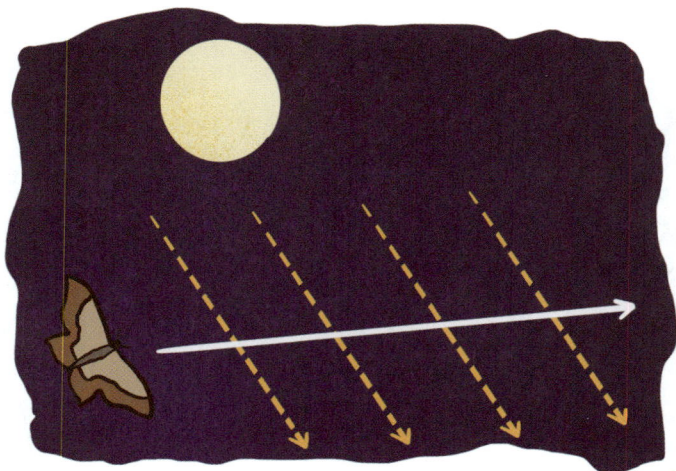

飞蛾的生存技能被
蜡烛破坏了。

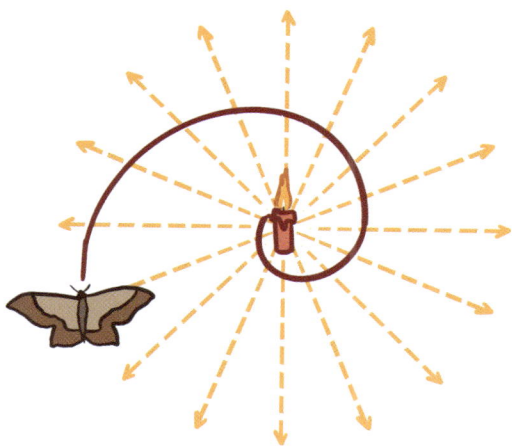

宇宙中传来的日月星光，对于地球上的生物来说，就近似于平行线。飞蛾有一项技能，就是能保证自己飞行的方向同这些平行的光线形成固定夹角，据此确定前进的方向。

可是当火把或是蜡烛出现在飞蛾附近时，投射来的光线已不能被看成平行线，而是从一个点向外的螺旋状射线。飞蛾被搞晕了，就只能飞出一条不断折向光源的等角螺旋线，最终投入火焰。

铺设在马路中间的平行斑马线，保障了人类的交通安全。而不再平行的光线，让出现误判的飞蛾，奋不顾身地扑火。不管是人类生活，还是自然环境，关于平行，都有着许多精彩而不为人所熟悉的故事。

知识点

两条平行线被第三条直线所截，同位角相等（$\angle 1 = \angle 2$），内错角相等（$\angle 2 = \angle 3$），同旁内角互补（$\angle 2$与$\angle 4$互补）。

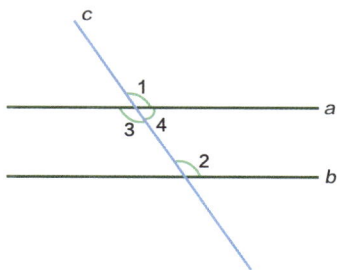

如何给珠峰量身高？

■ 段玉娜

大家在成长过程中可能都思考过这么一个问题：珠穆朗玛峰那么高，用什么办法才能测出它的高度呢？

这个问题其实说来话长。公元前500多年，古希腊哲学家泰勒斯提出了估算金字塔高度的方法。他在地上竖起一根小木棒，用木棒高度和木棒影子的长度计算出了**太阳光和地面的夹角**，进而利用这个角度和金字塔影子的长度，计算出了金字塔的高度。

几千年过去了，测量的方法不断进化，我们掌握周围世界的雄心，也从一根小木棒、一座金字塔，扩展到了世间万物，人们已经可以轻松说出珠穆朗玛峰的海拔高度，但测量高度的基本原理，其实在泰勒斯测量金字塔高度时就已经奠定，就是利用三角形的特性。

太阳离我们太过遥远，因此在同一时刻，地球上所有位置接收到的太阳光都是平行光，即太阳光和地面的夹角是相同的。

利用这一点，我们可以得出 $\triangle ABC$ 和 $\triangle A'B'C'$ 是相似直角三角形。

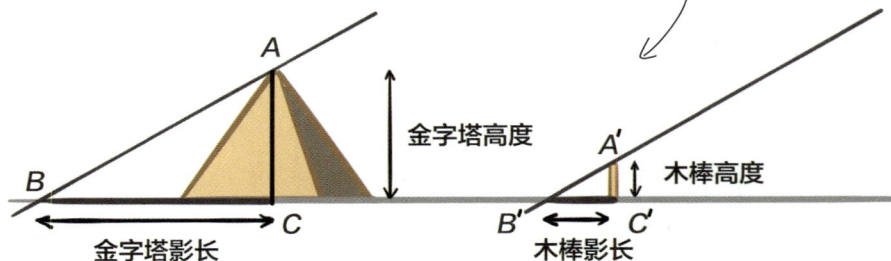

金字塔高度

木棒高度

B 金字塔影长 C

B' 木棒影长 C'

珠峰的高度,也是通过影子长度计算出来的吗?

那么,珠穆朗玛峰的海拔高度又是如何测量出来的呢?面对地球最高的山峰,我们显然不能直接测量出珠峰影子的长度,也不能依靠一根粗糙的小木棒来推算角度。于是,在现代测绘技术里,机智的工程师们利用了高精度的测量仪器,并且采用了分段测量的方法。

简单来说,测量从山脚开始,在测量仪器精度允许的距离A和B两点之间,测量出两点间的水平距离D,夹角为α,位于A点的仪器离地高度为i,位于B点的测量目标离地高度为v,那么AB两点间的**高度差**h_{AB}就可以通过计算得到,这种方法被称为三角高程测量法。接下来,把仪器移动到B点,继续测量更高处目标,直到到达山顶,把所有高度差累加,就会最终得到珠峰的高度。

在直角三角形中,如果某个锐角∠A确定,那么∠A的对边与邻边的比便随之确定,这个比叫作∠A的正切,记作tanA。

在本例中,我们利用三角公式$\tan\alpha=(h_{AB}+v-i)/D$,然后代入测量得到的量,即可得出$h_{AB}$的值。

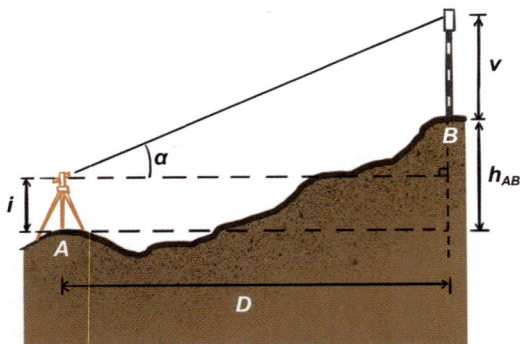

听起来很简单对不对？现在让我们把这个简单的示意图扩展到地球表面，机智的你又会发现什么问题呢？

　　首先，我们的地球表面并不是一个完美的水平面，而是有一定弧度的曲面。由于地球的**半径**很大，在小范围内我们可以忽略球面带来的影响，但在距离超过300米之后，就必须考虑到这一影响并做出修正。其次，大气层中空气的密度并不是完全均匀的，我们观测的视线可能在传播过程中发生**折射**，也需要针对这一现象进行修正。最后，我们常说的是珠峰的海拔高度，并不是我们最终累加得到的绝对高度差，而是珠峰到**海拔零米**的相对高度差，也就是说，我们还需要知道山脚下测量起点的海拔高度。怎么知道这个数值呢，机智的你一定想到了，从海拔零米的地方如上图所示一站一站测量过来！

　　但实际操作中，经过几代测绘人的积累，全国各地都已经引测了海拔高度已知的基准点，建立了完善的坐标网络，从这些基准点出发，测量就不需要每一次都回到原点从头再来了。珠峰的测量是从位于西藏拉孜的基准点开始的。

地球是一个两极稍扁，赤道略鼓的扁球体，半径大约为6371千米。

当光线从一种介质斜射进另一种介质，即介质折射率发生改变时，光线在两种介质的交界面发生偏折，这种现象叫折射。

海拔零米即测算海拔高度的基准点，我国是以青岛黄海为准，根据当地测潮站的多年记录，把海水面的位置加以平均而得出的。

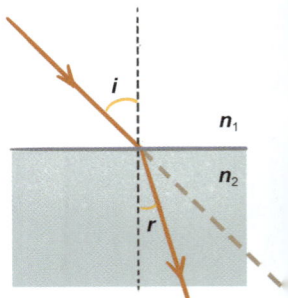

有趣的图形

奥兰多迪士尼公园门前的测量基准点。图片来源：段玉娜。

全国各地都分布着一些海拔已知的基准点，如果我们要测量某地的海拔高度，只要从附近的基准点出发就能快速得到结论了。

如果在日常生活中仔细观察，你说不定会在路上看到这些测量基准点，那时候千万不要去破坏它们，测量基准点是受法律保护的。

在实际测量中，珠峰海拔高度的测量工作面临着恶劣自然环境的威胁。中华人民共和国成立之后，我国多次测量珠峰高度。1975年的测量确定了珠峰的高度为8848.13米。30年之后的2005年，我国进行了珠峰高度复测。这一次，除了用到传统的三角高程测量法，更是结合了GPS测量等新技术，并且使用雷达更加精确地测量了山顶冰雪层的厚度，最终得到了8844.43米的海拔高度。15年后的2020年，以北斗导航和GNSS接收系统为代表的一批"中国制造"，将珠穆朗玛峰的雪面高度推到了更精确的8848.68米！

知识点

在直角三角形的6个元素（3条边长与3个角度值）中，直角是已知元素，如果再知道一条边长和第三个元素，那么这个三角形的所有元素就可以确定下来。

打台球的作弊神器

■ 方弦

你打过台球吗？你是否也曾幻想过自己能成为下一个指哪打哪的丁俊晖？下面的这个台球桌就可以让你梦想成真。

如果把台球桌做成椭圆形的，把球洞放在椭圆的**焦点**处，把要打进的球放在另一个焦点处的话，那么根本不需要瞄准，只要力度合适且打中，都能一杆进洞。

这就是椭圆的光学性质：如果从一个焦点发出一条光线，碰到椭圆的边上，按照入射角等于反射角的法则反射的话，就一定会碰到另一个焦点。要是球洞在一个焦点处，目标球在另一个焦点处，只要你打中，力度比较合适，再加一点下旋让白球不要乱动的话，理论上无论如何都能进。

当然，现实比较"骨感"，因为台球桌边沿是软的，反射角往往大于入射角，球的轨迹会有偏离。要想让球正好进洞，需要在击打白球时加一些旋转，让白球带动目标球也旋转，才能

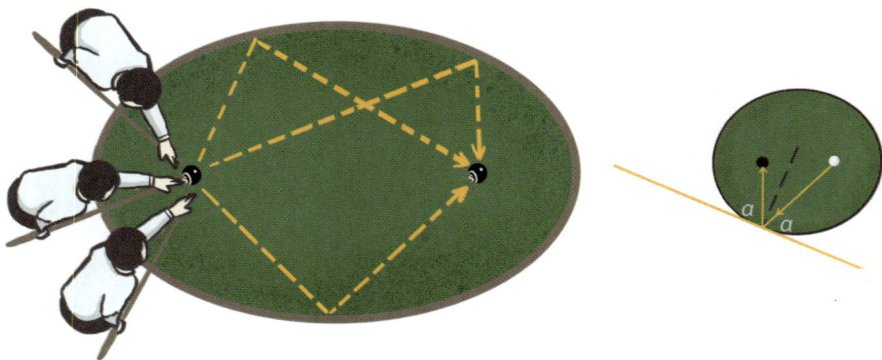

> 在数学中，椭圆是平面上到两个固定点的距离之和是常数的点的轨迹。这两个固定点叫作该椭圆的焦点。

有趣的图形

完美弥补这一点。要是技术不够的话,还是把球洞做大些吧……

这种"无论什么方向反射后都回到焦点"的性质,不是椭圆的专利,其实所有的圆锥曲线都有这样的性质。椭圆可以将一个焦点发出的光线全部反射到另一个焦点,就是在另一个焦点处成**实像**;而双曲线的话,则是一个焦点发出的光线的反向延长线都经过另一个焦点,换句话说就是在另一个焦点处成虚像。至于抛物线,因为它可以被看作焦点在无穷远处的椭圆,所以所有平行于对称轴的光线,最后都会汇集到焦点上。这也是"焦点"这个名词的来历。

实像是由实际光线汇聚而成的,虚像的光线是发散的,是一种视觉效果,并没有实际光线通过虚像位置。实像可以在屏幕上真实呈现,而虚像不行。

圆锥曲线的这些性质,古希腊的阿基米德早就知道了。相传当罗马攻打叙拉古时,阿基米德号召居民们都拿上镜子,把太阳光反射到罗马战船的一点上引发火灾,最后成功拖延敌军攻势。当然,这种传说真不真实就很不好说了,但要想把大致平行的太阳光都反射到一点上的话,居民们用镜子排成的形状必须是所谓的"抛物体",也就是抛物线沿着对称轴旋转得到的立体。

抛物体可以把平行的光线聚集到焦点处,或者把焦点处的光线变成平行光,这种性质在光学上非常好用。比如说在手电筒或者探照灯(也就是放大版的手电筒)中,就必须有抛物体的镜面,用来将灯泡向四周发射的强光反射到同一个方向,这样才能达到照亮前方的效果。

反过来用的话，太阳灶就是一个例子。在阳光充足但运输困难的地区，比如说我国西部，太阳灶是家庭主妇的好帮手。把近似抛物体的灶面对着太阳架起来，把锅放到焦点上，过一段时间就能吃到热腾腾的食物。奥运圣火的采集也是通过一个小型太阳灶完成的，美其名曰盗取天火，其实是多亏了抛物线的光学性质。

当然，别的椭圆曲线在光学上也有不少作用，尤其是在天文望远镜的建设上。在19世纪和20世纪，为了研究星空，天文望远镜的口径做得越来越大，以前常用的折射式望远镜建造起来越来越困难，因为越大的透镜，要磨到能用就越困难。所以，很多大口径的望远镜，都部分采用了反射式的结构：主镜采用抛物体反射镜，再利用不同圆锥曲线反射的性质，将远处的星光慢慢聚拢到目镜上，便于人眼观察。到了现在，几乎所有的大望远镜都利用相似的架构，其中包括大名鼎鼎的哈勃空间望远镜和我们中国的LAMOST。

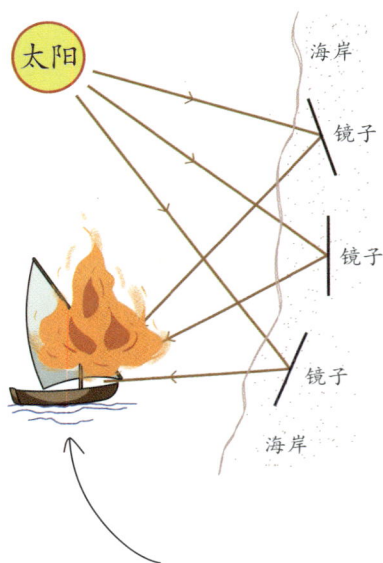

太阳 海岸 镜子 镜子 镜子 海岸

假想中的"阿基米德火攻图"。

高原地区人们使用的太阳灶。

著名的 LAMOST（郭守敬望远镜）。图片来源：张超。

当然，只要能反射，无论是光线、**电磁波**还是声音，圆锥曲线都能起到相同的聚拢发散效果。同样是望远镜，主要收集电磁波的射电望远镜，也采用抛物体将电磁波反射到探测器上。卫星信号接收器也可以看成小型的射电望远镜，但它们为了减小体积，往往只会用抛物体的一部分，很容易被误认为圆盘或者炒菜锅。抛物体形的声音反射器，可以将远处某个方向的声音反射到焦点上用麦克风监听，无论是想听到球场上球员之间的对话，还是想记录珍稀鸟类的鸣叫，用它都能做到。

知识点

动点到一个定点（焦点）的距离与其到一条定直线（准线）的距离之比为常数（离心率 e）的点的集合是圆锥曲线。$0<e<1$ 时得到椭圆，$e=1$ 时得到抛物线，$e>1$ 时得到双曲线。

椭圆还可以定义为平面上到两个定点的距离之和等于常数的动点的轨迹；双曲线还可以定义为到两个定点的距离之差的绝对值等于常数的动点的轨迹；抛物线还可以定义为到一个定点和一条定直线（准线）距离相等的动点的轨迹。

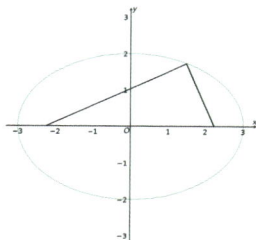

椭圆

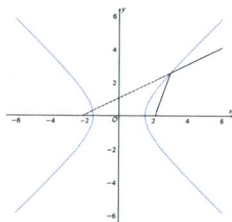

双曲线

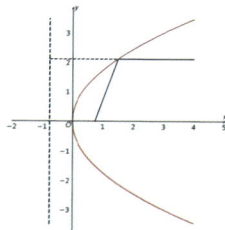

抛物线

康熙的"次元"文化

■ 赵世恩

人们在生活中可能都遇到过这么几个问题：上学从不一起走，但总能跟对方偶遇；明明一起工作更快，却偏要轮流作业；好几个银行账户，却不记得自己存了多少钱……跟这些问题相关的，正是二元一次方程组。

"元"和"次"的说法，来自康熙皇帝？

什么是"元"和"次"？"元"和"次"是方程和函数中的术语，"元"是指方程中的未知数，"一元"指的是只有一个未知数；"次"是指未知数的最高指数。一元一次方程就是说方程中只有一个未知数且未知数的最高指数为1，例如$2x+1=0$。

概念很好理解，但"元"和"次"的来历却鲜为人知，一种说法是：在清朝，康熙皇帝在学习西方数学时，提出了"元""次"及"根"这些术语。

当然，这些术语也不全是康熙帝首创的，比如用"元"来代表未知数，其实是古已有之的做法。在中国古代，用未知数列方程的方法叫作"天元术"，它与现代代数学中的很多思想不谋而合。我们要运用方程解实际问题，一般要分两步进行：第一步是根据问题给出的条件建立一个包括未知数的方程；第二步是求解方程的根。天元术就是建立代数方程的一般方法，方程中的未知数称为"天元"，也就相当于我们所说的"x"。

方程难不倒

古人如何列方程？

现在我们求解一个问题，可以写"设某某为x"，然后列方程式计算。但在没有字母的中国古代，数学家求解问题要辛苦得多。宋代以前，想要列出一个方程，除了要动用高超的数学技巧以外，还需要附上密密麻麻的描述性文字。直到"天元"这一概念的出现，才将人们彻底解救了出来。

两宋时期，数学家开始将类似天元术的方法运用到数学计算当中。北宋数学家贾宪创造了"增乘开方法"；北宋数学家刘益首次研究了各项系数可正可负的一般方程解法；秦九韶将"增乘开方法"推广为任意高次方程的求正根方法。这一时期，"天元"两个字首次出现在数学家蒋周的《益古集》中。

金、元时期，中国数学出现了一项杰出的创造——天元术。金代数学家李冶的著作《测圆海镜》和《益古演段》，以及元代数学家朱世杰的《算学启蒙下卷》和《四元玉鉴》，都系统地介绍了用天元术建立二次方程的方法。

这个时期的成果非常丰富，从这时起，中国古代的数学由文字代数演变成符号代数。但有的问题中包含多个未知数，又该如何解决呢？《四元玉鉴》中指出，当未知数不止一个时，除了"天元"，我们还可以使用"地元""人元""物元"等术语，类似于我们今天用常用字母"x、y、z、u"表示未知数。

领先世界的天元术

有了符号之后，人们想要求解问题时，可以写上"立天元一为某某"（相当于我们说的"设某某为x"），然后进行运算。下图是当时数学家用"天元术"表示方程的例子。

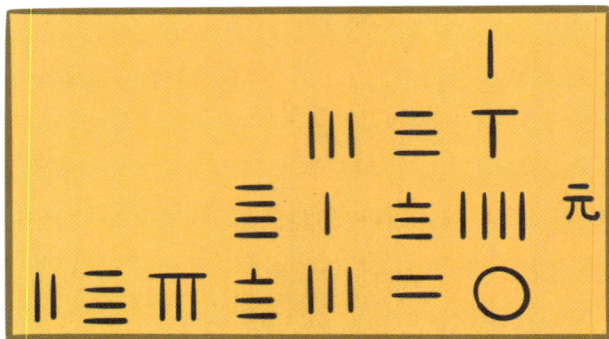

　　首先，"元"字在第三行，表示前三行有"未知数"；其次，未知数的次数由上到下依次减少，第四行表示常数项。因此，上图表示的方程是$x^3+336x^2+4184x+2488320=0$。而现在我们所学到的"方程"和"函数"的简洁表达形式的出现，则要归功于另一个人。

　　在欧洲，16世纪以前的代数方程式还是用文字来叙述表达的。那时要说明一个数学问题、解一道方程的劳动量不亚于写一篇800字的作文。直到16世纪，法国数学家韦达建议用元音字母代表已知量，用辅音字母代表未知量，数学符号才随之出现。但它要比我国数学家用"天元"代表未知量晚了300多年。

知识点

方程的命名规则。

二元二次方程：

x,y

指数=2　　　项

$$2x^2+2xy+y^2=1$$

系数=2　　次数=未知项的最高次数=2

二元：共有两个未知数。
二次：最高次项的次数为2。

方程学不会，多玩消消乐？

■ 吴文庆

伟大的数学家笛卡儿曾经说过："一切问题都可以转化为数学问题，一切数学问题都可以转化为代数问题，而一切代数问题又都可以转化为方程。因此，一旦解决了方程问题，一切问题将迎刃而解。"

说到解方程，数学老师肯定教过你们，要学会"**转化**"大法：把高次方程变成低次的，把多元方程变成少元的，把无理方程变成有理的，把分式方程变成整式方程，最好能转化成比较熟悉的一元一次、一元二次方程。在解方程的过程中，一个很重要的思想是"消元"。

消元，顾名思义就是消去未知数。掌握了这个方法，就可以将未知数的个数由多化少，逐个击破。

例如
$$
\begin{cases}
2x - y^2 = 1 \quad (1)\\
x + y^2 = 2 \quad (2)
\end{cases}
$$

高次方程：未知数的最高指数大于1。

多元方程：式子中含有多于一个未知数。

无理方程：根号下含有未知数。

分式方程：分母里含有未知数。

加减消元法：当二元一次方程组的两个方程中同一个未知数的系数相反或相等时，把这两个方程的两边分别相加或相减，就能消去这个未知数，得到一个一元一次方程。

代入消元法：把二元一次方程组中的一个方程的一个未知数用含另一个未知数的式子表示出来，再代入另一个方程，实现消元。

代入消元法和加减消元法是二元一次方程组的两种解法，它们都是通过消元使方程组转化为一元一次方程的，只是消元的方法不同。我们应根据方程组的具体情况，选择适合它的解法。

（1）+（2）可以瞬间得出 $x=1$，再代入其中一个式子可以很快得到 y 的值为 ± 1。其实也可以从第二个式子得出 $x=2-y^2$，再代入第一个式子达到消元的目的。这也就是我们所学的**加减消元法和代入消元法**。除此之外，还有整体消元法、换元消元法等。

说到消元法，就不得不提到我国数学经典著作《九章算术》，该书中有一个章节讲述的就是方程问题，主要讨论了一次方程组问题，并且采用分离系数的方法表示线性方程组。

比如《九章算术》方程章的第一问是这样的：

今有上禾三秉，中禾二秉，下禾一秉，实三十九斗；上禾二秉，中禾三秉，下禾一秉，实三十四斗；上禾一秉，中禾二秉，下禾三秉，实二十六斗。问上、中、下禾实一秉各几何？

这里的上禾、中禾、下禾，表示的是稻子的品级，而"秉"可以理解为一捆。那么问题就来了，上等稻、中等稻、下等稻各1捆能打出多少斗米呢？如果我们以 x、y、z 分别代表上等稻、中等稻和下等稻各一捆所能打出的稻米斗数，那么就能得到：

$$\begin{cases} 3x+2y+z=39 \\ 2x+3y+z=34 \\ x+2y+3z=26 \end{cases}$$

在《九章算术》里，方程组的系数是用摆算筹的方式展现的，因此上面这个式子写成下面这样。

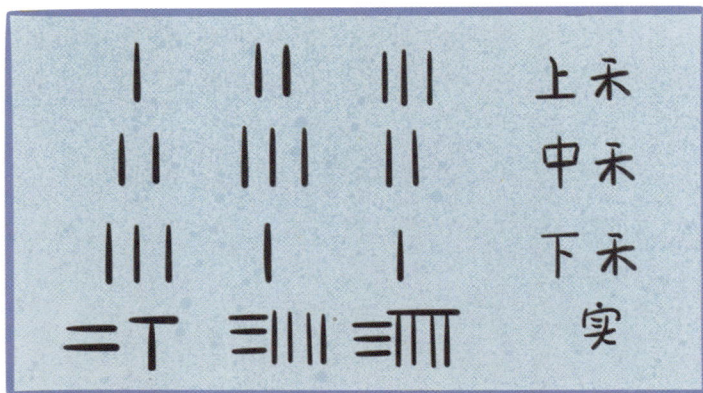

这种表达方式可以说十分前卫了，甚至和我们现在使用的**矩阵**的思想不谋而合，书中解线性方程组时使用的直除法，也可以说是世界上最早的完整的线性方程组的解法。

在西方，直到17世纪，莱布尼兹才提出完整的线性方程组的解法法则。这种解法是什么样子的呢？我们举个例子来看：

比如解三元一次方程组：

$$\begin{cases} x_1 + x_2 + x_3 = 2 \\ -x_1 + x_2 + 2x_3 = 1 \\ -2x_1 + 3x_2 + x_3 = -1 \end{cases}$$

把一个方程中未知量的系数放到左边矩阵的一行，方程的常数项放到右边矩阵的同一行。注意左边矩阵中的每一列分别对应了 x_1、x_2、x_3 的系数。这种矩阵被称为增广矩阵。

就可以简化表示成：

$$\begin{bmatrix} 1 & 1 & 1 \\ -1 & 1 & 2 \\ -2 & 3 & 1 \end{bmatrix} \begin{bmatrix} 2 \\ 1 \\ -1 \end{bmatrix}$$

然后可以通过加减消元来求解这个方程组，比如我们可以把第一个方程加到第二个方程上，得到 $2x_2 + 3x_3 = 3$，于是可以表示成：

$$\begin{bmatrix} 1 & 1 & 1 \\ 0 & 2 & 3 \\ -2 & 3 & 1 \end{bmatrix} \begin{bmatrix} 2 \\ 3 \\ -1 \end{bmatrix}$$

继续把第一个方程两边乘2再加到第三个方程上,可以得到:

$$\left[\begin{matrix} 1 & 1 & 1 \\ 0 & 2 & 3 \\ 0 & 5 & 3 \end{matrix}\right] \left[\begin{matrix} 2 \\ 3 \\ 3 \end{matrix}\right]$$

接下来,把第二个方程两边乘$-\dfrac{5}{2}$再加到第三个方程上,可以得到:

$$\left[\begin{matrix} 1 & 1 & 1 \\ 0 & 2 & 3 \\ 0 & 5 & 3 \end{matrix}\right] \left[\begin{matrix} 2 \\ 3 \\ 3 \end{matrix}\right] \rightarrow \left[\begin{matrix} 1 & 1 & 1 \\ 0 & 2 & 3 \\ 0 & 0 & -\dfrac{9}{2} \end{matrix}\right] \left[\begin{matrix} 2 \\ 3 \\ -\dfrac{9}{2} \end{matrix}\right]$$

到了这步,聪明的你应该可以解出:

$$-\frac{9}{2}x_3 = -\frac{9}{2}, \quad x_3 = 1$$

代入前两个方程可以得到:
$$\begin{cases} x_1 = 1 \\ x_2 = 0 \\ x_3 = 1 \end{cases}$$

也就是 $\begin{bmatrix} 1 & 0 & 0 \\ 0 & 1 & 0 \\ 0 & 0 & 1 \end{bmatrix} \begin{bmatrix} 1 \\ 0 \\ 1 \end{bmatrix}$

> 高斯消元法会将矩阵变换为行阶梯形矩阵，从而一个一个求出未知数的解。这种方法经常出现在用来解决大型方程组的计算机程序中。

如果上面这个过程你能看懂，那么恭喜你，其实你已经初步接触并运用了"矩阵"这个概念。而上述过程其实可以用在 n 元一次方程组中，也就是线性代数里面的"**高斯消元法**"。知道这一点，你对方程的理解就已经打败绝大多数的成年人了。

知识点

若方程组中含有3个未知数，每个方程中含未知数的项的次数都是1，并且一共有3个方程，这个方程组就叫作三元一次方程组。解三元一次方程组的基本思路是：通过消元法，将"三元"转化为"二元"，进而再转化为一元一次方程，从而求解。

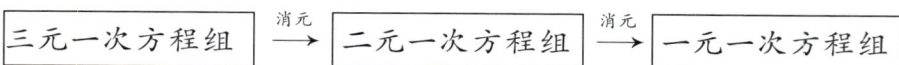

三元一次方程组 —消元→ 二元一次方程组 —消元→ 一元一次方程组

打破数学的次元壁

■ 吴文庆

常听老师们说,平面直角坐标系是代数与几何的桥梁,具有至关重要的意义。

但围观群众却不太明白,用**有序数对**(x,y)来表示一个点这个事情,有什么好激动的。想象一下几百年前,那时候的数学还是简单的代数和几何。代数负责运算,而几何则是负责各式各样的图形(点、线、面),它们各自发展着,谁也无法涉足对方的领域。

> 有序数对指用含有顺序的两个数(a,b)表示一个确定的位置,其中各个数表示不同的含义。

通过什么样的办法才能把"点"和"数"联系起来呢?

这个问题也一直困扰着著名的数学家勒内·笛卡儿(1596—1650),法国哲学家、数学家、物理学家。传说笛卡儿受到蜘蛛织网的启发,发现定位一个点,只需要平面上的两个量。

要确定班上某位同学的位置,只要说出哪一排第几个座位就可以。

从A地到B地,也只要知道向左/右走多少米,向上/下走多少米就可以。

由此，笛卡儿创建了直角坐标系——这样，平面上所有的点，就都能用横、纵坐标组成的有序数对表示出来了！

平面上所有的点都可以在直角坐标系中表示出来。

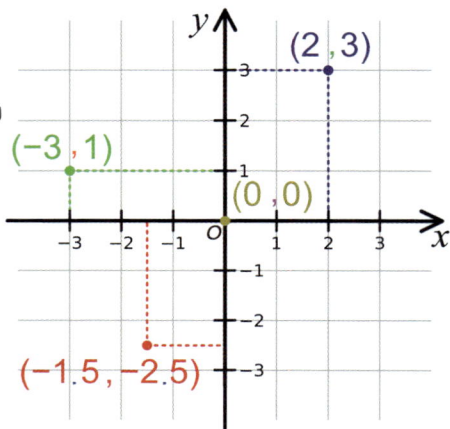

这可谓开启了用代数来解决几何问题的新纪元。例如，看到一条抛物线和一条直线，如左图所示。

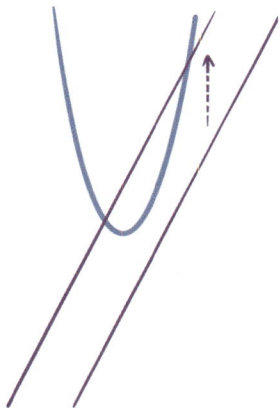

如果问上下平移直线，公共点可以有几个？

你可能会脱口而出：没有，或者1个，或者2个。

但数学是一门严谨的学科，我们需要思考两个问题：

（1）为什么没有3个，有办法证明吗？

（2）当只有一个公共点（也称直线和抛物线**相切**）时，究竟切在哪个点呢？

> 相离、相切、相交是指圆与圆（或直线）相对的位置关系：圆与圆（或直线）没有交点的状况叫相离，只有一个交点的状况叫相切，有两个交点的状况叫相交。

在坐标系出现以前,这个问题的确挺棘手的。不过,现在来看看问题发生了什么变化?

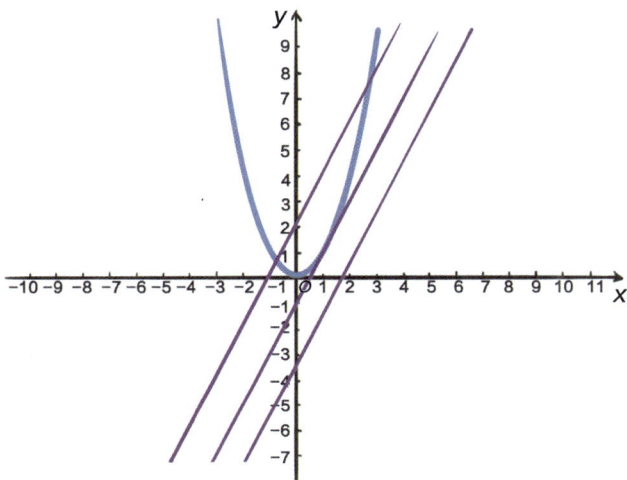

平面直角坐标系,不仅可以表示出所有的点、直线、曲线,甚至连平面也可以表示,点、直线、曲线、平面都可以用代数的方式来表示。比如图中的直线,可以用方程表示为: $y=2x+b$

图中的抛物线则可以用方程表示为: $y=x^2$

研究它们有几个公共点的问题,就变成了联立方程,看方程有多少个解的问题。

$$\begin{cases} y=x^2 \\ y=2x+b \end{cases}$$

关于方程的解,后续我们将学习相关的知识,将方程组转化为二次方程:

$$x^2-2x-b=0$$

b 的不同取值,分别对应没有解、只有一个解以及两个解的情形,和图中情况完全一致。

在只有一个解的情况下,恰巧可以解出:

$$b=-1, x_1=x_2=1$$

也就是抛物线和直线相切的时候,会相切于(1,1)这个点。

发现这座桥梁"精准定位"的功能没?事实上,我们以后还将学习"解析法"——把几何问题通过坐标系转化成代数问题来研究的一种重要方法。

用代数可以解决几何问题,反过来,遇到一些复杂的代数问题时,也可以联合几何图形来解决。往下看:

求代数式 $y = \sqrt{(2-x)^2+1} + \sqrt{x^2+4}$ 的最小值

这个式子的形式很复杂,直接求会比较费劲。有了直角坐标系,你会发现第一项:

$$\sqrt{(2-x)^2+1} = \sqrt{(x-2)^2+(0-1)^2}$$

其实就是点$(x,0)$到点$(2,1)$的距离。同理,第二项:

$$\sqrt{x^2+4} = \sqrt{(x-0)^2+(0-2)^2}$$

是点$(x,0)$到点$(0,2)$的距离。令$P(x,0)$、$A(0,2)$、$B(2,1)$,在坐标系中表示为:

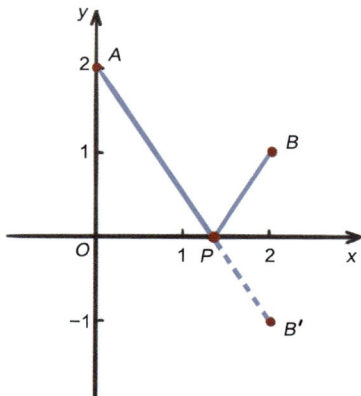

问题就转化为:P在x轴上随意移动的过程中,$PA+PB$的最小值!

这是熟悉的"将军饮马"问题啊！只要找到点 B 关于 x 轴的对称点 B'，线段 AB' 的长度就是要求的最小值了。答案是 $\sqrt{13}$。

是不是很妙？本来一个复杂的代数问题，在平面直角坐标系这座桥梁的沟通下，变成一个我们熟知的几何问题。

通过上面两个例子，我们可以发现这座桥梁是数形结合思想的一个重要工具！利用这个工具，某些代数和几何问题就可以相互转化，从而寻找到解决办法了。

知识点

数轴上的点与实数是一一对应的，对应的实数叫作这个点在数轴上的坐标。

我们可以在平面内画两条互相垂直、原点重合的数轴，组成平面直角坐标系（rectangular coordinate system），水平的数轴称为 x 轴或横轴，习惯上取向右为正方向；竖直的数轴称为 y 轴或纵轴，取向上方向为正方向；两坐标轴的交点为平面直角坐标系的原点。

把方程组画出来！

■ antares

平面直角坐标确实是个伟大的发明，它的重要之处在于能把代数和几何联系起来。而二元一次方程组，恰好就是一个很好的实例。比如由两个二元一次方程构成的方程组，它的解有3种可能性：唯一解、无解或无穷多解。但是我们要如何更直观地得出这个结论呢？

比如说，我们有这么一个二元一次方程组：

$$\begin{cases} x+2y=3 \\ x+y=2 \end{cases}$$

我们先试着把第一个方程在平面直角坐标系上画出来。满足这个方程的(x,y)组合有无数种，比如$(3,0)(1,1)(-1,2)$等。找3个点画到平面直角坐标系上，就会变成这样：

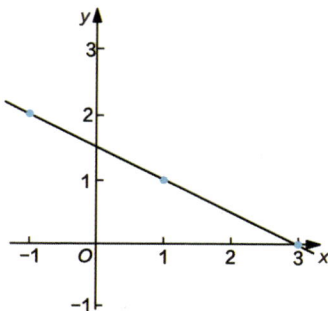

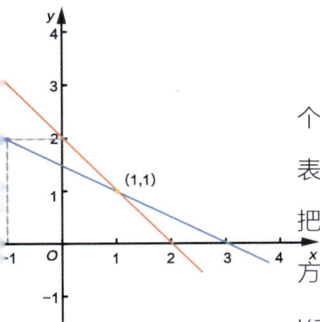

可以看出,满足条件的点构成了一条直线,也就是说,一个二元一次方程的所有解在平面直角坐标系下可以用直线表示。而第二个方程的解也可以用类似的方法画出来。当我们把两个方程对应的直线都画在坐标系上时,就可以一眼看出方程组的解了:正好就是两条直线的交点(1,1),也就是$x=1$,$y=1$。

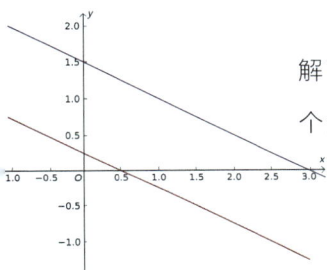

这样,不用经过消元的步骤,就可以直接得到方程组的解了。那为什么方程组的解有3种可能性呢?我们可以再看一个无解的例子:

$$\begin{cases} x+2y=3 \\ 2x+4y=1 \end{cases}$$

把这个方程组的两个方程画出来之后,就会发现它们是两条平行线,没有交点。

而无穷多解的例子则对应两条直线重合的情况。由于平面上两条直线的关系只有相交、平行、重合这3种,因此两个二元一次方程组也就只有唯一解、无解和无穷多解3种。比较用代数方法解方程组和几何方法看两条直线的交点,几何法是不是更直观一点呢?

如果推广到三元一次方程,又是什么样的情形呢?一个三元一次方程可以对应的是三维空间中的一个平面。因此,三元一次方程组的解也可以通过几个平面相交的方法看出来,这需要很强的空间想象力。比如下图的交点,就是3个平面所代表的方程组的解。

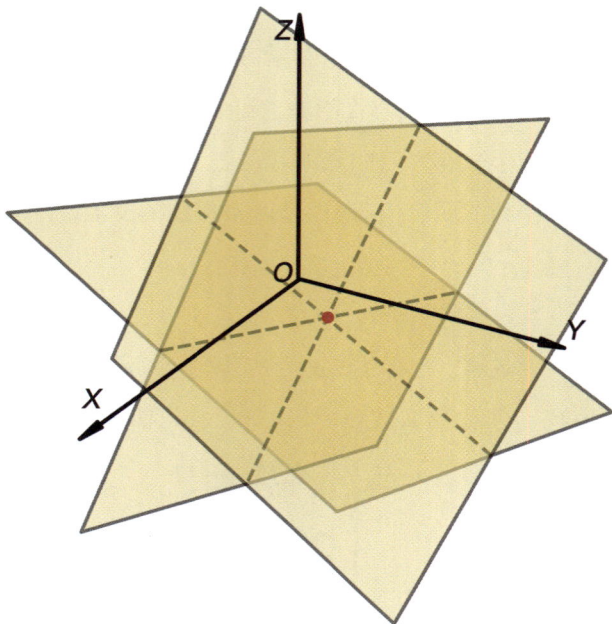

如果推广到"四元""五元",那就完全**没办法想象了**。所幸这种情况下,代数方法仍然适用:可以证明,在很多情况下,n个n元一次方程组都有唯一解。所以说,将代数和几何结合起来的意义就在于此:在简单的情况下通过几何方法获得直观的结论,在复杂的情况下用代数方法证明。

我们的空间是三维的,只能看到前后、左右、上下。虽然从理论上讲,宇宙中可能存在高维空间,但人类是无法感知和想象的。

知识点

一般地,从图形的角度看,确定两条直线的交点的坐标,相当于求相应的二元一次方程组的解;解一个二元一次方程组相当于确定相应两条直线的交点的坐标。

方程难不倒

跟黄蓉一起破解九宫格

■ 陈海栗

琴心剑胆侠客梦,几代人的青春里都住着一个金庸。大侠在文学上的成就众所周知,对历史、地理,甚至数学也颇有修为。在《射雕英雄传》中,金庸老先生就讲过一个有趣的数学问题:如何破解"九宫格"。

（瑛姑）道:"将一至九这九个数字排成三列,不论纵横斜角,每三字相加都是十五,如何排法?"（黄蓉）当下低声诵道:"九宫之义,法以灵龟,二四为肩,六八为足,左三右七,戴九履一,五居中央。"

——《射雕英雄传》

黄蓉的解答,可以对应下面的方阵:

4	9	2
3	5	7
8	1	6

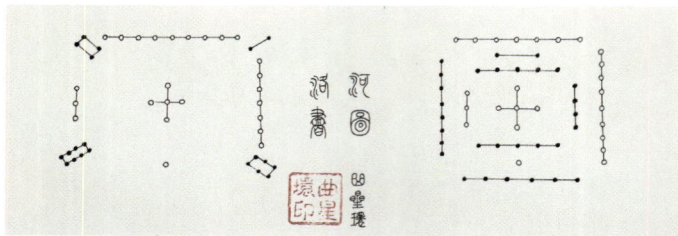

这种图在数学中称为三阶幻方,图中横排、竖排、对角的3个数字之和都相等。推广到更一般的情况:将n^2个数字填入$n×n$的方阵中,使每行、每列,以及每条对角线上的n个数之和相等,称为幻和,这个方阵称为n阶幻方。

国际数学界公认中国是最早发现幻方的国家。相传洛河中曾浮出神龟,背驮"洛书",献给大禹。大禹依此治水成功,遂划天下为九州。《易·系辞上》说:"河出图,洛出书,圣人则之",就是指这件事。传说未必可信,"洛书"上面的圆点图案,却是真实的幻方,与上面九宫格的数字分配完全相同。

那如果九宫格中填的不是1~9,而是其他数字,该怎么构成幻方呢?我们来试着填下这个方阵:

		2
	-4	
		8

你填出来了吗?

如果填出来了,恭喜你就取得了"神算子资格证"。如果暂时没有头绪,没关系,让我们一起看看下面的方法吧(不是唯一方法,欢迎更多好主意)。

三阶幻方中,三行、三列、两条对角线上的数字之和都相等,我们可以通过巧妙画线找相等关系,来解决此类三阶幻方的填空问题。

方程难不倒

以本题为例：

（1）第一条线要穿过两个已知数2和-4；

（2）第二条线，要从第一条线的空白处出发，扫过第三个已知数8，可以求出"a"处数字为-10；

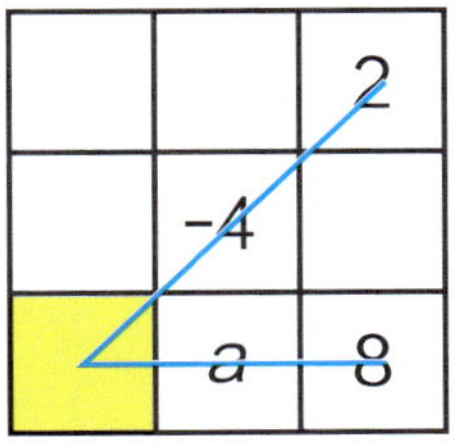

（3）循环上述步骤，利用新已知数-10再画线，求出"b"处为-16，将对角线上的3个数相加，幻和为-12（如果列出**二元一次方程**，这两步也可以合并）。

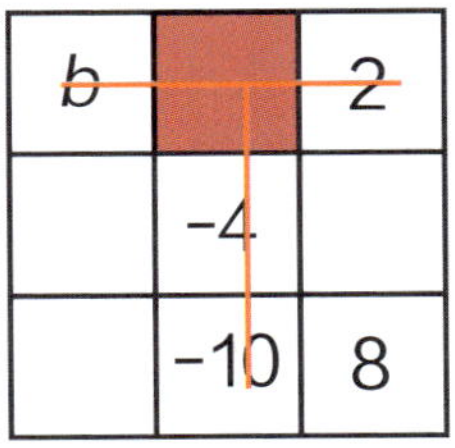

$b+2=-4-10$

（4）利用幻和，完成幻方。

-16	2	2
14	-4	-22
-10	-10	8

尝试一下列二元一次方程来解这道题吧。

提示：将两条线交点处的数设为x，列出"三数和相等"的方程。你会发现虽然解题思路不同，但是殊途同归。

为什么可以这样操作呢？

我们在九宫格上画的两条线上，数字之和相等，空白处为公共数，用幻和减去公共数，两条线上的另外两个数之和也相等，也就是说两个已知数之和等于另外一个已知数加一个未知数，那么这个问题就变成解一元一次方程的问题了。再来练个手吧！

	3	-5
2		

当然，还有一条捷径。三阶幻方有一条重要性质：幻和总是中心数的3倍。真的吗？我们接着画线来证明一下。

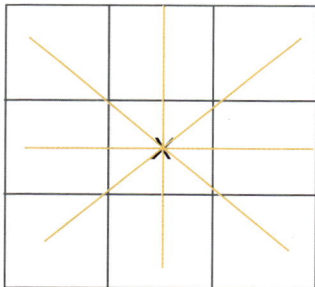

设中心数为x，幻和为s，则经过x的4条线段上数字之和为$4s$。这个总和相当于每个数字都出现了一次，而x又多出现了3次。所以总和又等于幻方中9个数的和$3s$再加$3x$。

$$4s = 3s+3x \rightarrow 3x=s$$

即中心数的3倍就是幻和。

到这里，你是不是已经觉得三阶幻方太简单了？那不妨来挑战下四阶幻方，将1~16这16个数字填入4×4的方格。

第一步：顺序填写。

第二步：交换对角线上的四对数字。

有思路了吗？有请黄蓉为你揭晓答案。

黄蓉道："就说四四图罢，以十六字依次作四行排列，先以四角对换，一换十六，四换十三，后以内四角对换，六换十一、七换十。这般横直上下斜角相加，皆是三十四。"

——《射雕英雄传》

黄蓉所说的对角线交换法，只要按顺序填表，再交换4对数字就完成了四阶幻方。其他阶数的幻方也有很多有趣的排法，比如罗伯法、马步法等。试一试，自己来搜集更多幻方知识吧。

-4	9	4
11	3	-5
2	-3	10

答案

知识点

用字母表示数可以简明地表达数量、数量关系、运算定律和计算公式等，为研究和解决问题带来很多方便。

为了求未知数，利用某种数量关系在已知数与未知数之间建立的等式关系就是方程。

等式两边都加/减/乘/除同一个数（除数不为0），等式仍然成立。

这些植物，让水坝绕着走

■ 顾有容

中国是一个多山的国家，地形自西向东可以分成3个逐渐降低的阶梯。在第一阶梯的青藏高原和第二阶梯的云贵高原、四川盆地交界的地方，剧烈的地壳运动产生了大量的高山深谷，海拔落差很大；同时，来自热带太平洋和印度洋的湿润季风带来了大量的降水。在地形与气候的双重作用下，中国西南山地孕育了国内最为多彩的生物多样性，以及最为丰富的水利资源。

这个区域的水利水电开发必须考虑生物多样性保护，在经济利益和濒危物种保护的权衡之中，产生了很多不等式。修水电站的时候，为了充分利用水流从高处流下的能量，必须修建水坝蓄水，这样就必然会淹没一段山谷，而山谷里可能正好栖息着珍稀濒危物种。

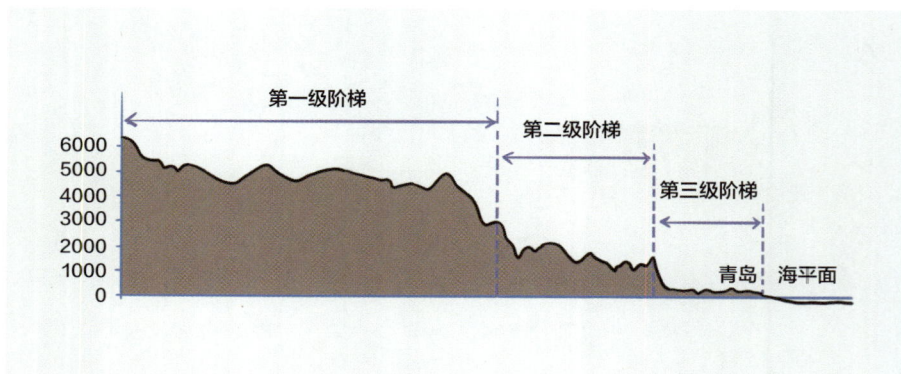

我国沿北纬 36° 地形剖面图

山谷里的一种珍稀濒危植物——距瓣尾囊草。图片来源：孙海。

蓄水高程也称为蓄水绝对标高，它是以一个国家或地区统一规定的基准面作为零点的水库蓄水面标高，即标准蓄水面沿铅垂线方向到达基准面零点的距离。我国规定以青岛附近黄海的平均海平面作为标高的零点。

如果把水库的**蓄水高程**设为a，a必须大于某个值，水电站才能发出足够多的电来盈利；同时a也必须小于某个值，才能不淹没濒危物种的栖息地。这样我们就能得到一个不等式组。

2005年，位于四川省江油市的武都水库大坝开始施工，具备发电能力的最小蓄水高程约620米；同年，中国科学院植物研究所的研究人员在规划中的库区发现了一种濒危植物——距瓣尾囊草。

这里是这种植物当时已知的唯一分布地点，只有不到2000株，它们都分布在海拔700米以下。所以我们能得到一个不等式组：

$$\begin{cases} a > 620 \\ a < 700 \end{cases}$$

可以看出，为了兼顾发电和物种保护，水位可变动的范围只有80米。实际上武都水库的正常蓄水高程是658米，已经淹没了部分海拔较低的分布区。所幸有关部门把淹没区的距瓣尾囊草植株迁移到别处保护，并获得了成功。

除了武都水库这样的大型水利工程，中国还有很多在小河小溪上修建的小水电工程，它们的建设更加混乱无序。生活在小水电工程的淹没区的濒危物种，往往不会有距瓣尾囊草那样的好运气。比如南岭的一种**国家二级保护植物**——长柄双花木。

长柄双花木其中一个种群正好生活在一个小水电工程的淹没区里，同时，因为水电站的梯级开发，在海拔较高的地方还修了一条路用于上游的建设。把长柄双花木生活的高度设为 b，我们又得到了一组不等式：

$$\begin{cases} b > 淹没高度 \\ b < 修路高度 \end{cases}$$

只有满足这个不等式组的植株，才有生存下来的机会，而该植株无法移动，所以那个种群最终只剩下不到1/3。

长柄双花木。图片来源：顾有容。

濒危物种无法做出选择，但人可以，有一种不等式就在建设者的心中。四川省甘孜州九龙县是五小叶槭的产地，这种植物只剩下不到500珠野生个体了，比大熊猫少得多。

2010年前后，一个水电站规划中的引水隧道出口，正好落在当地唯一的五小叶槭种群里。如果要修改施工方案，就要多投入成本，设这部分成本为c，则不等式组必须要满足：

$$\begin{cases} c > 保护五小叶槭种群的最小投入 \\ c < 水电站业主所能承受的最大损失 \end{cases}$$

最终，在中国科学院成都生物研究所和当地政府的共同努力下，水电站的老板把隧道出口挪到了另一片山坡上，为此多花了一百多万元。列了三个一元一次不等式组，我们发现，其实不等式的意义在于，我们需要把一些事情控制在一定的范围内。其实在水电站建设和濒危物种保护的权衡中真正起作用的只有一个不等式：生态价值>涸泽而渔的经济利益。希望大家认识到这个不等式的意义，也希望能看到更多这个不等式成立的例子。

知识点

一元一次不等式组

用符号"<"或">"或"≠"表示大小关系和不等关系的式子，叫作不等式。若不等式中还有一个未知数且其次数为1，则为一元一次不等式。若这个未知数同时满足多个不等式关系，则称它们为不等式组。与方程的解类似，我们把使不等式成立的未知数的值叫作不等式的解。

玩大富翁的必备技巧

陈海栗

大富翁,是一种多人策略游戏。参赛者掷骰子,走到游戏棋盘中相应位置,通过买地、建楼赚取租金,以及抽取其他运气卡或者投资等方式赚钱。最后以只有一个胜利者、其余玩家均破产收场。游戏推出之后很受大众欢迎。

玩大富翁的人,最怕的就是进入"监狱"失去自由。假设你正在跟朋友一起玩大富翁,你要事先确定自己用一个骰子还是两个骰子,你该如何选择才可以尽量避免进入"监狱"呢?

这其实是一个数学问题

假设现在从起点出发,第十格有个"监狱",你需要计算不同选择下会进"监狱"的可能性。

掷骰子问题属于古典概型,它讨论的对象是所有结果为有限个等可能的情形,即每个**基本事件**发生的可能性是相同的。事件A发生的概率表示为$P(A)$,那么$P(A)=m/n$,其中n表示该试验中所有可能出现的基本事件的总数目,m表示事件A包含的试验基本事件数。为了简化计算过程,我们就只计算两轮以内进"监狱"的概率。

基本事件有以下特点:
（1）任何两个基本事件是互斥的;
（2）任何事件(除不可能事件外)都可以表示成基本事件的和。

一个骰子的情况

假设骰子是质地均匀的,每面数字出现的概率相等,那么掷一个骰子,第一轮无论如何都不会到达第十格,因此你肯定是安全的。如果掷两轮,则一共会有$6×6=36$种可能的结果,而掷两轮刚好到达第十格的所有可能情况为:

第一轮点数	4	5	6
第二轮点数	6	5	4

所以如果只用一个骰子,那么你在游戏中两轮刚好进"监狱"的概率是1/12。

两个骰子的情况

我们可能直觉认为掷两个骰子更保险,感觉走得快,就更容易大步逃离危险地带。那么事实的确如此吗?

情况1:掷两个骰子,在第一轮就走到了第十格,完美送自己进"监狱"。这种情况的概率是多大呢? 其实跟把一个骰子掷两遍的概率一样,还是1/12。

情况2:如果第一轮没进"监狱",那么要么是掷骰子的总点数比10小,

要么是比10大。如果比10大,那么是安全的。但是,在比10小的情况下,第二轮还是有可能"入狱",比如下面这几种情况:

第一轮总点数	2	3	4	5	6	7	8
第二轮总点数	8	7	6	5	4	3	2

可以计算出,掷两个骰子得到的总点数总共有36种情况,而出现2点的情况只有一种即(1,1),所以该事件发生的概率是1/36。出现8点的可能情况有(2,6)(3,5)(4,4)(5,3)(6,2)这5种情况,所以发生的概率为5/36。因此,出现第一次2点、第二次8点的情况的概率为**1/36×5/36**。同理,可以依次计算出相应的概率,最后得到两轮进"监狱"的概率为5/81。

如果算上情况1中的概率,我们就能得出结论了:选择两个骰子的话,比用一个骰子在"两轮之内"进"监狱"的概率高了5/81,接近6.2%。看来,想玩好游戏,也得学好文化课啊!

> 如果 A、B 是独立事件,即 A、B 是否发生不受对方影响,利用概率乘法定理可知:
> A、B 同时发生的概率 $P(A \cap B) = P(A) \times P(B)$。

知识点

概率初步

在一定条件下,可能发生也可能不发生的事件称为随机事件。对于一个随机事件 A,我们把刻画其发生可能性大小的数值称为随机事件 A 发生的概率,记为 $P(A)$。

对于一般的随机事件,在做大量重复试验时,随着试验次数的增加,一个事件出现的频率总在一个固定数的附近摆动,显示出一定的稳定性。因此,除了使用文章中提到的列举法,我们还可以通过大量重复实验来估计事件发生的概率。

生日在同一天是特别的缘分？

■ 关子沐

想象一下这样的场景：在一个40人的小规模派对上，你正在和几个人聊天。忽然，在谈论生日话题时，你发现这几个人中竟有一个人的生日和你是同一天！这个时候，不仅你会惊喜地站起来和对方握手，其他人也会觉得你们两个有特别的缘分。

上面的场景，就是这样一个事件：其余39人中，至少有一人和你的生日在同一天。这个**概率**应该是：

$$1-P(\text{其余 39 人和你的生日都不在同一天})=1-\left(\frac{364}{365}\right)^{39}\approx10.1\%$$

（闰年对于概率计算影响较小，可以忽略。）

这么看来，如果你在聚会上遇到和你同一天生日的人，的确说明你俩挺有缘。

$$P(A)=1-P(\overline{A})$$

A 发生的概率加上 A 不发生的概率等于 1，也就是 A 事件要么发生，要么不发生。

但还有一种叫"生日悖论"的情况，说的是40人中至少有两个人的生日在同一天的概率。这和之前的情况可不一样！与"生

日悖论"相反的情况是：40人中，任意两个人的生日都不在同一天。

而在之前描述的场景中，即使没有人和你的生日在同一天，另外39人中，也可能存在有两个人的生日在同一天的情况。

那么，40人的派对中至少有两个人是同一天生日，还能算一种特别的缘分吗？我们来计算一下。

我们可以先计算所有人的生日都不同的情况的概率，然后再用1减去这个概率就可以得到我们想要的数据了！

第一步，计算所有人的生日都不同的概率

如果有两个人，那第一个人的生日可以在随便哪一天，而第二个人的生日不能和第一个人的生日相同，所以两个人生日不同的概率是364/365。

如果有3个人，那首先得保证前两个人的生日不在同一天，此时概率是364/365，在此条件上，第三个人的生日不能和前两个人的生日相同，所以3个人中任意两个人生日不在同一天的概率是：

$$\frac{364}{365} \times \frac{363}{365}$$

以此类推，派对上40个人生日都不同的概率可以计算如下：

$$\frac{365}{365} \times \frac{364}{365} \times \frac{363}{365} \times \cdots \times \frac{326}{365} \approx 10.9\%$$

计算结果是10.9%左右。这个概率好像有点低啊，是不是有点慌？别急，这还只是所有人的生日都不同的概率。

第二步,用1减去40个人生日各异的概率

通过上一步我们知道,派对上40个人的生日各不相同的概率是10.9%,也就是说,在这个派对上,至少有两个人的生日在同一天的概率大约是:

$$1-10.9\%=89.1\%$$

结果是89.1%,怎么样?惊不惊喜?意不意外?

因为一年中有365天,所以很多人会认为,如果派对上的人数没有超过183(365的一半),那么生日是同一天的两个人在场的概率也不会超过50%。但其实,通过计算就会发现,只要人数超过23,生日是同一天的两个人刚好在场的概率就会超过50%。

所以,在一个聚会场合,如果你能遇到和你同一天生日的人,你和这个人的确非常有缘。然而,如果说这里至少有两个人生日相同,就不是什么大不了的事情了。

知识点

一般地,如果在一次试验中,有n种可能的结果,并且它们发生的可能性都相等,事件A包含其中的m种结果,那么事件A发生的概率$P(A)=m/n$。由m和n的含义,可知$0 \leqslant m \leqslant n$,进而有$0 \leqslant m/n \leqslant 1$。因此$0 \leqslant P(A) \leqslant 1$。当A为必然事件时,$P(A)=1$;当A为不可能事件时,$P(A)=0$。

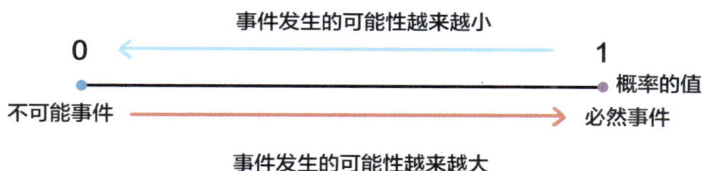

事件发生的可能性越来越小

0 ←———————————————— 1

不可能事件 ————————————→ 必然事件 概率的值

事件发生的可能性越来越大

"我说的都是假话"

■ 陈海栗

　　我们都知道匹诺曹的故事，木偶匹诺曹一旦说谎话，他的鼻子就会变长。那么，如果匹诺曹说："我的鼻子正在变长"，会发生什么情况呢？机智的你应该已经发现好像哪里不对了：如果匹诺曹说了真话，那么他的鼻子不应该变长；而如果他说的是假话，他的鼻子会变长，那他说的这句话就成了真话了。

　　这种通常从逻辑上无法判断正确或错误的命题，数学家一般称之为悖论。下面就是几个著名的**悖论**。

> 通常从逻辑上无法判断正确或错误的命题称为悖论，似非而是的称为佯谬；有时候，违背直觉的正确论断也称为悖论。

理发师悖论

　　萨魏尔村有一位理发师,他给自己定下一条规则:只给村子里自己不给自己刮胡子的人刮胡子。

　　这句话中"自己不给自己刮胡子的人"很是蹊跷,因为你无法解释理发师该不该给自己刮胡子。这个名为理发师悖论的怪诞问题其实是大名鼎鼎的罗素悖论的一个通俗说法,是由伯特兰·罗素在1901年提出的。

　　罗素悖论的数学表述是这样的:设有一性质P,并建立一个**性质函数**$P(x)$,且其中的自变量x有此特性:"$x \in P(x)$",现假设由性质P能够确定一个满足性质P的集合A,也就是说"$A=\{x|x \in x\}$"。那么现在的问题是:$A \in A$是否成立?

　　罗素悖论的出现直接导致了一场数学危机,它促使数学家认识到将数学基础公理化的必要性。

> $\{P(x)\}$ 表示所有符合性质函数 $P(x)$ 的 x 值的集合。

> 一般地,如果在集合 I 中,属于集合 A 的任意一个元素 x 都具有性质 $p(x)$,而不属于集合 A 的元素都不具有性质 $p(x)$,则性质 $p(x)$ 叫作集合 A 的一个特征性质,于是,集合 A 可以将它的特征性质 $p(x)$ 描述为 $A=\{x \in I|\ p(x)\}$,它表示集合 A 是由集合 I 中具有性质 $p(x)$ 的所有元素构成的,这种表示集合的方法,叫作特征性质描述法,简称描述法。

芝诺悖论

关于芝诺悖论，有一个大家熟知的"人永远追不上小乌龟"的例子。

人和乌龟进行赛跑，假设人的速度为5米/秒，而乌龟的速度为0.5米/秒（虽然不可能那么快），在比赛之前，把乌龟放在人前面10米处。当人跑到乌龟的出发点时，乌龟已经又向前爬行了1米，而人再次跑完1米的距离时，小乌龟又在新的出发点——11.1米等着他。以此类推就有无限个这样的出发点，追赶的人永远赶不上慢慢爬的小乌龟。

这样的结论无疑是荒诞的，但是它错在哪里呢？

实际上在这种条件下，走每一段追赶的距离，人所花费的时间为：2秒，0.2秒，0.02秒……这些数字，按其先后排列，可以构成一个无限序列，而它们的和是2.2222…秒。所以其实追赶的人只要跑2.3秒，就能超越乌龟。

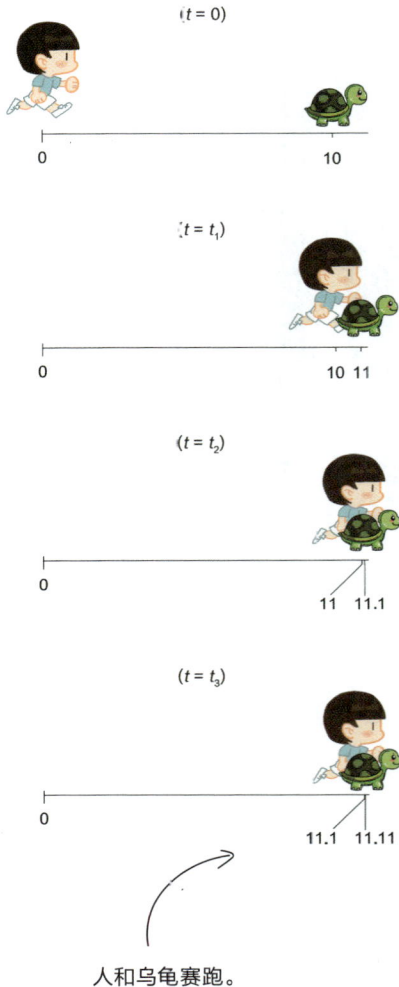

人和乌龟赛跑。

时间悖论

时间悖论最早是在科幻小说中提到的。这个悖论的必要前提是：人类可以随心所欲地控制三维空间之外的"第四维"——时间，能够回到过去或者去往将来。在这个前提下,有多种"时间悖论"的表达方式。

最为著名的"时间悖论"一般称为"祖父悖论":某人回到过去,在自己的祖父和祖母相识之前杀害了自己的祖父。既然祖父已死,就不会有其父亲,也不会有他;既然他不存在,又怎么能回到过去,杀死自己的祖父呢?这样的场景确实令人头疼,不过物理学界提出了"平行宇宙"理论,给出一种解释:他杀死的是平行宇宙中的祖父,而原来的宇宙中,他的祖父还好好地活着。

这样看来,悖论不单单会给人制造麻烦,解决它们还可以帮助我们跳脱固有思维模式的束缚,拓展全新的认知领域。

知识点

数学中的逻辑:

逻辑学或数学中用"且""或""非"来联结两个命题。逻辑联结词"且"与自然语言中的"并且""及""和"相当,只有联结的两个语句都为真时,整句话才为真。"或"的意义与"或者"相当,联结的两个语句中只要有一个为真,则整句话为真。"非"也称为"否定",其意义相当于日常用语中的"不是""全盘否定""问题的反面"等概念,相互否定的命题不能同真或同假。

若p和q为两个命题,则

p且q写作$p \land q$

p或q写作$p \lor q$

非p写作$\neg p$

竟然有人证明了钝角等于直角!

■ 于然

我们中国人向来以"数学好"闻名全球,一般的几何常识都了然于心,所以如果我告诉你"钝角等于直角"及"所有三角形都是等腰三角形",你肯定会嗤之以鼻。不过你可能想不到,这两个反常识的命题,还有证明过程。你可以试试,看能不能发现其中的破绽。

钝角等于直角?

如下图所示,已知**矩形**$ABCD$,在矩形外选取一点E,使得$DC=DE$。点G和点F分别为BC和BE的中点,分别过点G、F作**垂直平分线**,两条垂线相交于点H,连接点H与A、B、D、E四点。

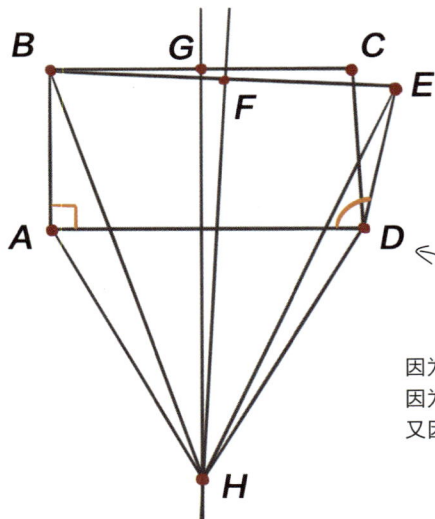

经过某一条线段的中点,并且垂直于这条线段的直线,叫作这条线段的垂直平分线,又称"中垂线"。垂直平分线可以看成到线段两个端点距离相等的点的集合,是线段的一条对称轴。

因为点H在AD的**垂直平分线**上,所以$AH=DH$。
因为点H在BE的垂直平分线上,所以$BH=EH$。
又因为$DC=DE$且$ABCD$为矩形,所以$AB=DE$。

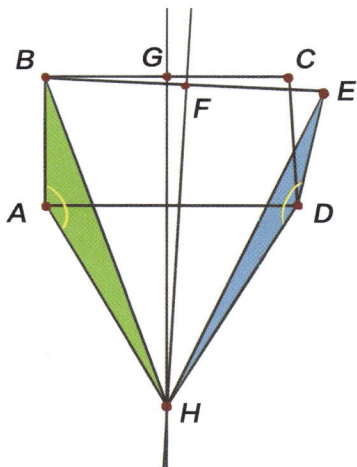

大小、形状完全相同的两个图形叫作**全等形**,用≅符号表示。

这样,我们就华丽地得到了两个**全等三角形**△ABH≅△DEH,也就知道了∠BAH=∠EDH。再将两边分别减去∠HAD和∠HDA(等腰三角形),你就能得到直角α等于钝角β的结论,真的是"有理有据、令人信服"。

等腰三角形是两边相等、两底角也相等的三角形。若三角形的三边都相等,则称其为等边三角形。

所有三角形都是**等腰三角形**?

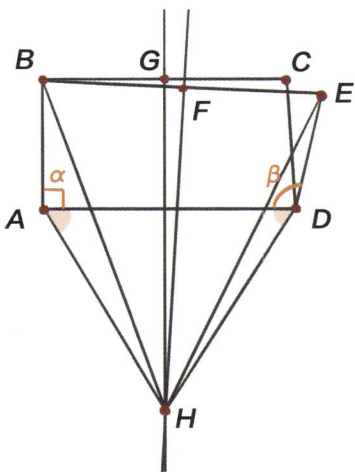

设△ABC为任意三角形,作∠C的**平分线**和AB边的垂直平分线,垂足为点D,设两线相交于点E。过点E分别作EF⊥AC于点F,

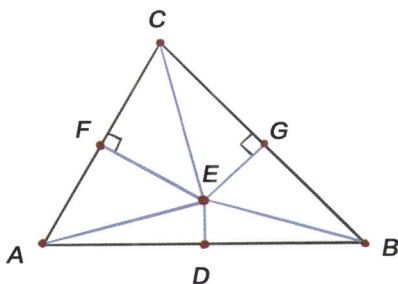

从角的顶点出发,将这个角平分成两个角的射线叫作角平分线。角平分线上的点到角的两边距离相等。

H、L 分别是斜边和直角边的英文单词 Hypotenuse 和 Leg 的首字母。

HL 定理是：如果两个直角三角形的一条直角边和斜边对应相等，则两个三角形全等。

$EG \perp BC$ 于点 G，连接 EA、EB、EC。

因为 $\angle FCE = \angle GCE$，所以 $FE = EG$（角平分线定理）。

又因为每一个直角三角形都以 CE 为共同的斜边，所以我们可以得到 $\triangle CEF \cong \triangle CEG$（**全等三角形的判定——$HL$**），从而推导出 $CF = CG$。

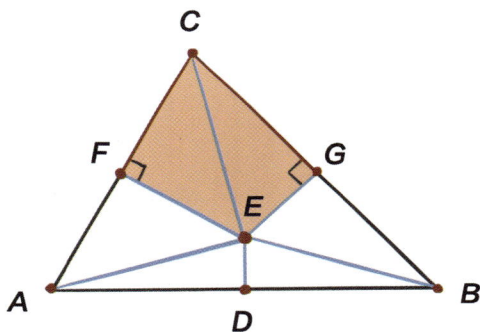

同时，又因为 $FE = EG$、$AE = BE$，所以 $\triangle EFA \cong \triangle EGB$（全等三角形的判定——$HL$），可以得到 $FA = GB$。

因此，有 $CF + FA = CG + GB$，即 $CA = CB$，$\triangle ABC$ 为等腰三角形。

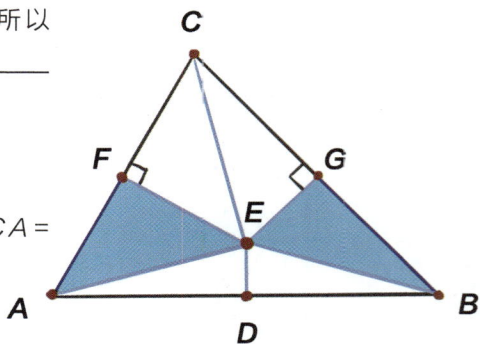

用这种方法证明，结论竟然是所有的三角形均为等腰三角形。

邪门的证明

我们当然知道,直角和钝角根本不是一回事,随便拿出个三角形也不可能必然就是等腰三角形,可是这些"一本正经胡说八道"的证明又好像没什么逻辑漏洞,它们究竟错在什么地方呢?

罪魁祸首其实是作图不精确。

实际上,如果你仔细观察"钝角等于直角"的证明,你会发现矩形 $ABCD$ 中的 $\angle ADC$ 并不是直角,而比直角稍小一点。如果画图准确一些的话,你会发现 HE 根本不会通过矩形 $ABCD$ 内部,而是像下图一样位于矩形外侧。既然图形都是不可能成立的,整个证明过程就更无从谈起了。

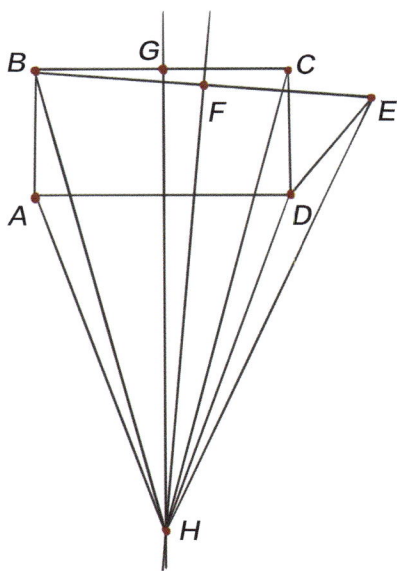

"等腰三角形"的证明也是一样的问题,"$\angle C$ 的平分线和 AB 边的垂直平分线相交于点 E"的画法并不准确。对于等腰三角形来说,这两条线应该重合;而无论是一般的锐角三角形、直角三角形还是钝角三角形,E 点的位置总是在三角形 ABC 的外面(你可以试着证明一下)。

所以你看,一个作图的小偏差竟会导致如此可笑的结果,这两个证明可能就是"差之毫厘,谬以千里"的典型例子了。

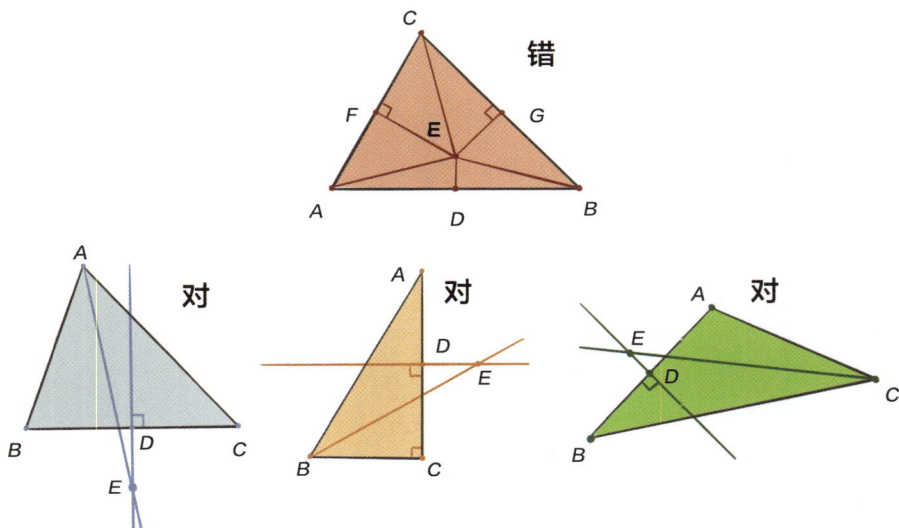

错

对

对

对

知识点

能够完全重合的两个图形叫作全等形,能够完全重合的两个三角形叫作全等三角形。

把两个全等的三角形重合到一起,重合的顶点叫作对应顶点,重合的边叫作对应边,重合的角叫作对应角。

全等三角形的对应边相等,对应角相等。

这些线平行？我咋不信！

■ 侯悠扬

考考你，下图中这6条向右倾斜45°的线段平行吗？

看起来并不平行对不对？事实上，它们是彼此**平行**的！

为什么会看错呢？心理学家认为，人对角度的感知会出现误差。通常来说，人对锐角的判断会偏大，对钝角的判断又会偏小。比如一个30°的角，人看起来，会觉得比30°大；而150°的角，人看起来又会比实际的150°小。

在同一平面内，永不相交的两条直线叫作平行线。

113

这样，当我们看左边第一根粗斜线时，由于上面的小斜线和粗斜线所夹的锐角被"放大"，导致大脑认为粗斜线在往"右偏"。同样道理，后面的几根会分别显得"左偏""右偏""左偏""右偏""左偏"，整体看起来，所有粗斜线便不再彼此平行。

斜线消失以后，就能看出直线是平行的。

角度引起的误判还有很多。下面这两个长方形，你觉得它们的4条长边彼此平行吗？

事实上，这两个长方形的长边和短边都是彼此平行的。但因

为大脑"夸大"了斜线和长方形的边所夹的锐角,所以上面的长方形看起来在往右下方倾斜,而下面的长方形则像在往右上方倾斜。

有些视错觉太有名了,甚至有了专属名字,比如波根多夫视错觉。看看下图,你觉得左边的黑线和右边的哪条线是同一条?

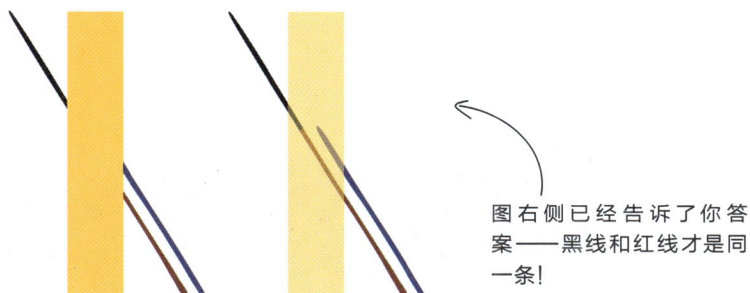

图右侧已经告诉了你答案——黑线和红线才是同一条!

正是因为人对角度产生误判,把黑线与黄色长方形连接处的锐角"夸大"了,所以产生了黑线是和蓝线相连的错觉。当你把这几条线的方向变成水平的,错觉就消失了。

视错觉的其他解释

下面两幅图里,明明几条直线是平直的,为什么左边的一组,中间看起来向外突出,右边的一组中间看起来向内弯曲呢?

一种假说认为，因为人倾向于把平面的图形脑补成一个立体的图形，所以产生了感知上的扭曲。左上图的平行线配合着像太阳光一样散开的线，很容易被感知为一个锥体。这样一来，平行线也就"变成了"锥体的底面，看起来，两条直线的两端就像在往中间靠拢。右上图的弯曲也可以同样去解释。

还有咖啡馆错觉，也是平行的直线，看起来却参差不齐。

而当我们把交错放置的黑白格子整齐排列，这种错觉就不复存在了（如下图所示）。

也许你还是会觉得，这些线条只是心理学家画出来研究的，实际上视错觉在日常生活中比比皆是。

美国的两位大学教授无意间发现了一个有趣的现象，两根竖直且相互平行的落地灯杆，在背后斜向排列书籍的衬托下，产生了弯曲。他们将这个现象写成了论文，还在最后善意地提醒了读者：千万要记得整理书架……

知识点

平行线的判定定理

两条直线被第三条直线所截，若同位角相等，则两条直线平行；若内错角相等，则两条直线平行；若同旁内角互补，则两条直线平行。

压岁钱理财，先看什么?

■ antares

大家应该都知道如何计算复利。比如将1万元存银行，利率为3%，那么连续3年以后，将得到:

$$10\ 000 \times (1+3\%) \times (1+3\%) \times (1+3\%) = 10\ 927.27$$

复利对于好几代人来说都相当熟悉。10多年前，我们家里的钱绝大多数放在银行做了定期存款，还有一些用来买了国债。

在那个年代，投资产品相对比较单一。而现在，投资产品可以说是五花八门: 基金、股票、外汇、黄金……要想学懂所有这些，看起来得去大学选修经济学专业。

不过，我们可以先从一个最基本的概念入门，正好会用到初中学习的开方知识。

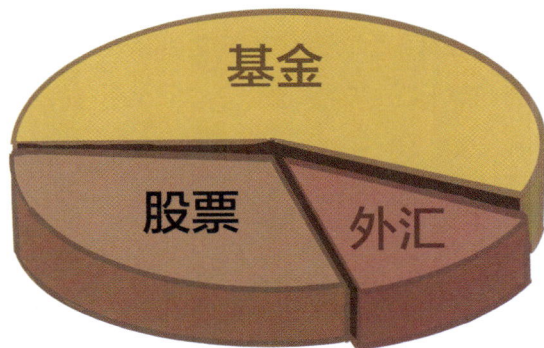

基金

股票

外汇

年化收益率

简单来说,年化收益率就是投资一年获得的利润和本金的比率。举个例子,现实中,你的爸爸妈妈很可能需要选择将钱投进下面3种投资方式之一:

A. 一年期基金,一年后获得3.7%的预期收益;

B. 货币理财,每天获得0.01%的收益;

C. 五年期国债,五年后获得20%的利息。

该如何比较这3种投资方式呢? 这就要转化成年化收益率,去掉投资时间不同带来的影响。

先看A基金。因为A本身就是一年期,所以它的年化收益率就是3.7%。

再看B理财。每1元会在一天之后变成1.000 1元,然后再将其连本带利算入第二天的本金。一年365天,所以年初的1元会在年底变成 $1.000\ 1^{365} \approx 1.037\ 17$ 元。换言之,它的年化收益率约为3.717%。

最后看C债券。假设这个等价的一年期存款收益是r,那么1元钱会在一年后变成$1+r$,然后连本带利存入第二年。5年以后,它的收益会变成$(1+r)^5$,而1元投入C债券中,会在5年后变成1.2元。我们可以列出如下等式:

$$(1+r)^5=1.2$$

算出$r \approx 0.037\,14$。

换言之,它的年化收益率约为3.714%。

这样比较一下,就可以看出,B理财的收益率是最高的。从上面的计算能看出,年化收益率并非必须在持有完整一年的情况下才能算出,已知任何时间周期和当期获得的收益率,都可以换算出以一年为时间周期的收益率,这个收益率就是年化收益率(这个过程就叫作年化)。

七日年化收益率

实际生活中,我们经常还会看到"七日年化收益率"这个概念。

它通常用来描述那些每天提供收益的理财产品,而这些产品的收益每天都会有变化。比如,下面这张图就是一款理财产品某6个月的七日年化收益走势。

七日年化收益的收益率(%)。

七日年化收益走势图

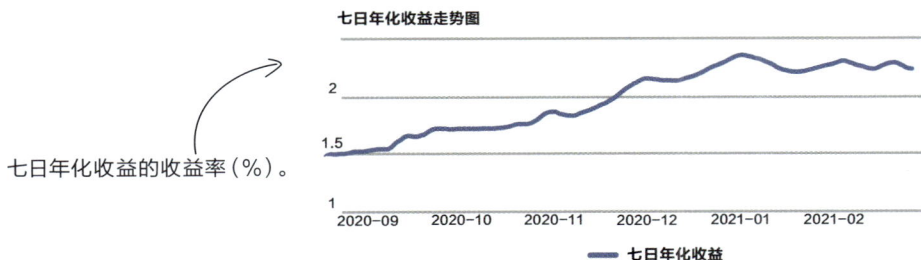

可以看出，它每天的收益率在 $0.3‰$ 到 $0.7‰$ 之间，但是具体到每一天上就有增有减。很多人关心的问题是：最近这几天的收益率是比较高还是比较低？总体来看收益率又是怎么样的？

万份收益走势图

万份收益指的是每投资1万个单位获得的收益(元)。

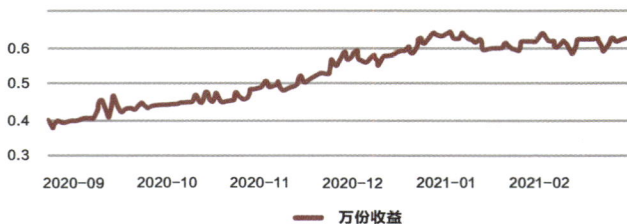

—— 万份收益

如果只看最近一天的，那变化太大了，所以一般是把最近7天的收益率平均起来，然后按照前面的算法折算成年化收益率，就是七日年化收益率。比较一下每日收益和七日年化收益率的图可以看出，它们的变化趋势是一样的，但是七日年化收益率的波动更小，更容易看出收益率变化的趋势。

知识点

平方根：一般地，如果一个数的平方等于a，那么这个数叫作a的平方根或二次方根。求一个数a的平方根的运算，叫作开平方。正数有两个平方根，它们互为相反数；0的平方根是0；负数没有实数平方根。

立方根：同样，当一个数的立方等于a，那么这个数叫作a的立方根或三次方根。

以此类推，我们也可以理解高次方根的概念。

用π写首歌,听过都说好

■ 大琳砸

你有没有想过这么一个问题:既然音乐的音符就那么些,我能不能总结一个什么公式或者规律,掌握之后就能写出一首巨好听的曲子呢?

试图利用公式的力量来创作好听的歌曲,这绝对不是异想天开,因为那些听起来特别好听的曲子,往往也具有内在的数学规律。要知道,每个音符的音高都是由频率决定的,而每个钢琴音符的**频率**都可以通过下面这个指数函数进行推算:

通常意义上,频率一词是指单位时间内某事件重复发生的次数,通常用 f 表示,单位为赫兹(Hz)。对于声音来说,频率指单位时间内声波的震动次数。频率越高,声音越尖锐;频率越低,声音越低沉。

$$f(n)=2^{\frac{n-49}{12}}\times 440\text{Hz}$$

上述式子中,n 表示从左至右琴键的顺序,函数表达的是该琴键奏出的声音频率。

根据指数函数的性质,我们可以知道,在钢琴的键盘上,相邻的两个键之间是 $2^{\frac{1}{12}}$ 倍关系,也就是乐理中的半音。从左往右,上一个C键到下一个C键,声音的频率变成2倍,也刚好是音乐中的一个八度音程,其中共8个白键和5个黑键。

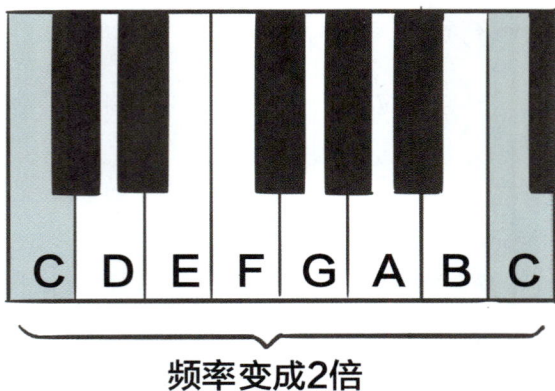

频率变成2倍

这个公式是如何应用在乐曲中的呢？我们拿大家都比较熟悉的《月光鸣奏曲》举例。

这首曲子的50小节是由3个音符组成的，它们在琴键上的分布如下图所示。

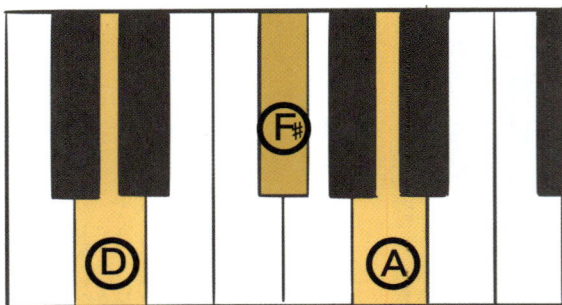

这3个音符不是随意写就的，它们其实代表了不同音符频率之间的数学关系。它们分别是钢琴琴键里的第42、46、49个键，对应的频率如下图所示。

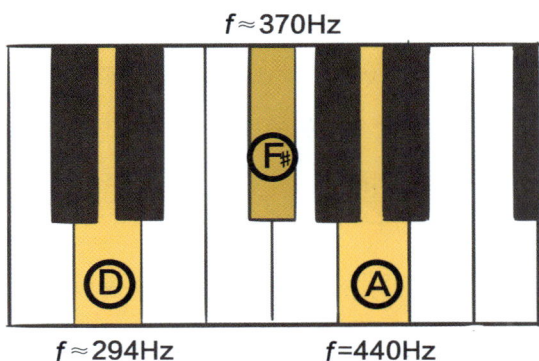

$f \approx 370Hz$

Ⓕ♯

Ⓓ
$f \approx 294Hz$

Ⓐ
$f = 440Hz$

如果你再画出每个频率对应的正弦曲线,我们就能够看到一个神奇的现象,3条曲线在横轴上形成了交点,并且这个交点还能随着时间变化周期性出现。

$$y(t)=\sin(2\pi ft)$$

A_4 $f=440Hz$ $y(t)=\sin(2\pi 440t)$ $F_{\#4}$ $f \approx 370Hz$ $y(t)=\sin(2\pi 370t)$ D_4 $f \approx 294Hz$ $y(t)=\sin(2\pi 294t)$

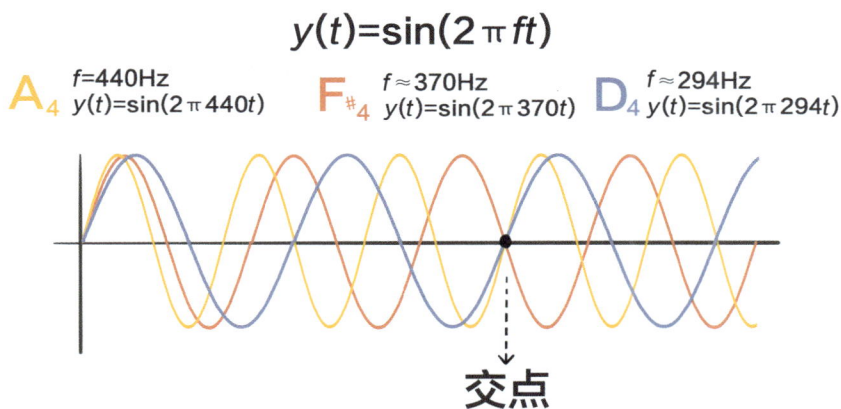

交点

这个旋律被称为分解和弦,听起来自然动听、悦耳怡人。而它奇异的数学特性,也解释了为什么这样的音符搭配会听起来格外的和谐。

当然，艺术创作的魅力就在于不完全拘泥于定律。比如一般人们认为重复的旋律和小节会让乐曲更加悦耳（想象一下"蓝天白云晴空万里"的例子），那么完全不重复的曲子是不是就特别难听呢？一位网友就尝试用著名无限不循环小数 π 创作了一首乐曲，他用 π 的数字作为音符，配上和弦以后居然还挺动听！

知识点

正数的正分数指数幂的意义是：

$$a^{\frac{m}{n}} = \sqrt[n]{a^m} \quad (a>0, m,n \in \mathbb{N}^*, 且\, n>1)$$

于是，在条件 $a>0$，m，$n \in \mathbb{N}^*$，且 $n>1$ 下，根式都可以写成分数指数幂的形式。

正数的负分数指数幂的意义与负整数指数幂的意义相仿，我们规定：

$$a^{-\frac{m}{n}} = \frac{1}{a^{\frac{m}{n}}} \quad (a>0, m,n \in \mathbb{N}^*, 且\, n>1)$$

0 的正分数指数幂等于 0，0 的负分数指数幂没有意义。

对于任意有理数 r 和 s，指数函数有下面的运算性质：

$$a^r a^s = a^{r+s} \quad (a>0, r,s \in \mathbb{Q})$$
$$(a^r)^s = a^{rs} \quad (a>0, r,s \in \mathbb{Q})$$
$$(ab)^r = a^r b^r \quad (a>0, b>0, r \in \mathbb{Q})$$

铁轨不一样宽，怎么开过去？

■ 王子甲

如果从中国发出一列火车，向北开到俄罗斯境内，你会发现钢轨间距突然变宽；而向西南到缅甸，你又会发现钢轨间距突然变窄。

列车的车轮同所在钢轨之间需要高度匹配，因此两根钢轨必须永不相交，而且它们之间的距离在直线区段必须永远相等。这样一组平行的钢轨，才保证了列车在运行中不出轨。

两条钢轨中间的轨枕，就是保持钢轨平行最重要的部件。铁道部门在施工时，需要保证轨枕与钢轨垂直，并等间隔铺设。

铁路轨道通常包含两条钢轨和与钢轨垂直的轨枕。

保持垂直一来有利于测量，从而确定钢轨平行；二来两条平行线之间，垂线段最短，因此垂直铺设比较省料，也能保证所有轨枕共同发力，最大限度地起到稳定作用。

当然，平行线是理想的数学概念，实际中要把钢轨设置为绝对平行是不可能的，只能通过工具精确测量，将误差控制在一定范围内。而随着铁路速度的提高，允许的误差也会缩小。

有意思的是，各个国家的钢轨距离（也就是轨距），并不是完全一样的。

现在世界上大部分铁路的轨距，选用的是普轨，也就是轨距为1435毫米的钢轨。由于其非常普遍，又被称为"标准轨"或者"国际轨"，我国的普速和高速铁路采用的都是普轨。

俄罗斯国内的众多铁路，选用的是宽轨（轨距为1520毫米）。印度、巴基斯坦的铁路轨距竟然更宽，多数是1676毫米。

俄罗斯宽轨
（1520毫米）。

相反，有些国家选用的轨距又很窄，比如东南亚的缅甸、越南，都选用了1000毫米的轨距。

越南首都的窄轨火车。

每个国家是如何确定轨距的呢？

中国早期的铁路都是由英国人承建的，给我们采用标准轨距开了个头。民国时期，战争局面比较混乱，国内标准不一，造成当时各种轨距同时存在。新中国成立后，轨距才被逐渐统一为现在的标准轨距。

俄罗斯使用宽轨的理由，就存在很多说法了。有一种说法认为，俄罗斯选用宽轨是出于军事上的考虑：因为害怕别人将火车开进自己一马平川的国土里，所以采用了和邻国不一样的轨距，这样别人想开也开不进来了。

不过，这种说法并没有确切的证据。实际上，俄罗斯修建第一条铁路的时候，轨距的标准还不成熟，选择宽轨有很大的偶然性。当时他们雇用了美国工程师来帮自己修建铁路，美国工程师力主宽轨在舒适性和稳定性上优于标准轨距，于是被政府所采纳。

最早使用窄轨的国家是挪威。窄轨适合体积小、转向空间小、成本低的火车，适合山区支线铁路。挪威当局正是

挪威山区使用的窄轨。

考虑到自己国境内山脉绵延、货运量也不大，才采用了窄轨。

我们的邻国日本，铁路相当发达，轨距却不统一。原因就是他们的铁路高速发展期正是世界标准尚未统一的时期。政府没有要求，加上多家公司自给自足，限于成本、技术、运营能力等问题，各自选择了适合自己的轨距，才有了如今的局面。

阿富汗处于亚洲中央的位置，周边接壤的国家轨距标准都不相同。所以，针对每一条新修建的铁路，选择轨距时都不能只考虑工程上的方便，还要综合外交、军事、贸易等多方面因素。

这样看来，轨距的选择既有优劣的比较，有时也有机缘巧合。各国为了方便经贸往来，未来也可能会进一步统一轨距。

火车转向架。

另外，可以在不同轨距的铁路上跑的火车——**轨距可变列车**，也成为研究的热门。

说了这么多，中国火车是如何开到俄罗斯的呢？

"北京–乌兰巴托–莫斯科"的国际联运列车，需要在呼和浩特铁路局的二连站将车厢吊起来，把其标准轨距的转向架和轮对换下来，然后将宽轨的转向架和轮对换上去。这样，列车便可在蒙古国及俄罗斯的宽轨铁路上驰骋了。

早在 1998 年年底，日本就成功建造出一辆可以在两种宽度的轨道上运行的列车，且不断更新迭代至今。

知识点

若直线 a 与 b 不相交，则说它们互相平行（parallel），记作 $a/\!/b$。
平行公理：经过直线外一点，有且只有一条直线与这条直线平行。
进一步可得：如果两条直线都与第三条直线平行，那么这两条直线也互相平行。也就是说：如果 $b/\!/a,c/\!/a$，那么 $b/\!/c$。

平移可以有多美？

■ 刘旸、群青

利用平移，能够方便快捷地设计出各种美丽的图案。比如在床单、衣物和窗帘上，通过平移技法做的平面设计比比皆是。

这个设计思路的起源甚至能追溯到中国古代的传统纹样，其中特别典型的一类就是植物纹，有一种植物纹被形象地称为缠枝纹。

还有一类植物纹叫卷草纹，多用于建筑、织物边缘或环绕器物一圈。

明代青花缠枝花纹菱花口盘，边缘两圈图案是在平移的基础上润色修饰的。

明万历景德镇窑斗彩缠枝莲花纹罐。

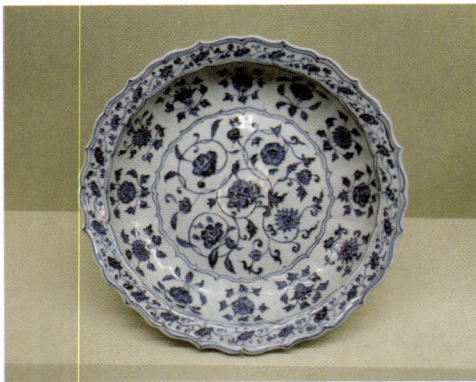

除此之外，平移技法在传统建筑中也有很多的应用。

传统建筑中，细长形状的彩画，基本上都是由平移图形构成的。在大面积的建筑彩画中，平移图形常用在最上端和最下端，或者外圈。因为这一类图形会产生强烈的秩序感，比较适合作为边框。

天坛祈年殿。

祈年殿屋顶内部。

故宫博物院甚至用建筑彩画纹饰做了好几款手账胶带，都是平移图形，我们在使用时完全不必在意从哪里剪开。

不只平面图形可以平移，立体元素也可以。故宫中有非常多的中国传统木结构建筑，屋檐上就存在大量的平行结构，它们能够均匀分散建筑材料的重力，起到更好的支持作用。

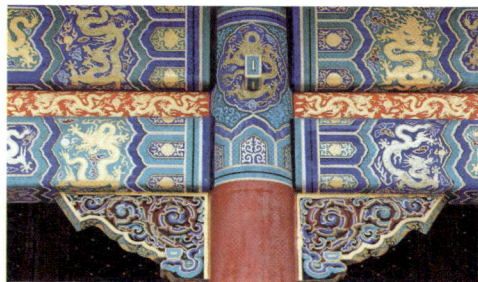

太和殿雀替。

故宫的鼎式香炉。

除了建筑，故宫里随处可见的鼎炉也有相似的结构。鼎炉虽小，却像一个微缩的建筑。它的装饰图案模拟了屋顶装饰，可以看作是两种图案分别平移形成的，也可以看作是一种单元图案平移得到的。

你想试试如何做一个平移的图形吗？接下来，我们就用平移技法画一画海水纹。

1.画3个同心圆；

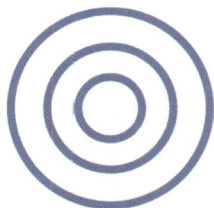

2.复制并平移，得到两个相切的图形；

3.再复制一个，放在它们的上方，要保持新图形的圆心，在下面两个同心圆的垂直对称轴上，调整蓝色的同心圆，到你喜欢的程度；

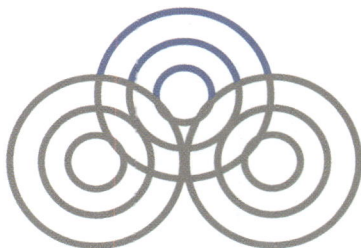

4.将蓝色部分切出来，你就得到海水纹的单元图形了；

5.通过平移得到美美的海水纹，想要多少都可以。

知识点

平移：在平面内，将一个图形沿某个方向移动一定的距离，这样的图形运动称为平移。平移不改变图形的形状和大小。

一个图形和对它进行平移所得到的图形之间具有如下性质：对应点所连的线段平行（或在一条直线上）且相等；对应线段平行（或在一条直线上）且相等，对应角相等。

乾隆写了四万首诗，没人背？

■ 金欲洋言

一首诗能够被传诵，大概是一个诗人最大的梦想。这个梦想最大的追梦者，毫无疑问是乾隆皇帝：他一生写了四万多首诗，在数量上以一人之力盖过唐代诸多诗人。只是他有多努力，失败得就有多彻底——四万多首诗中，居然没有一首需要背诵，成为诗人界的一大"笑话"。

这引出了一个令人深思的问题：在众多古代诗人中，谁用最少的写作量，获得了最多的背诵量？

这就涉及一个背诵率的概念：

$$背诵率 = \frac{入选教材的诗词数量}{创作诗词数量}$$

一个诗人的背诵率越高，意味着他用越有效的方式"霸占"了我们的语文教材。

谁的诗词背诵率最高呢？为了研究这个问题，我们需要两个数据：第一，入选教材的有哪些古诗词；第二，这些诗人总共写了多少诗词。

第一个问题比较简单。我们搜集了一年级到九年级人教版语文课本上的所有古诗词。考虑到高中教材版本太多，我们选择忽略高中阶段的古诗词。

18本教材，总共有140首古诗词。我们来看一下各个年级的古诗词数量变化趋势。

在统计数据时，按照频数分布表，在平面直角坐标系中，横轴标出每个组的端点，纵轴表示频数，每个矩形的高代表对应的频数，这样的统计图被称为频数分布直方图。

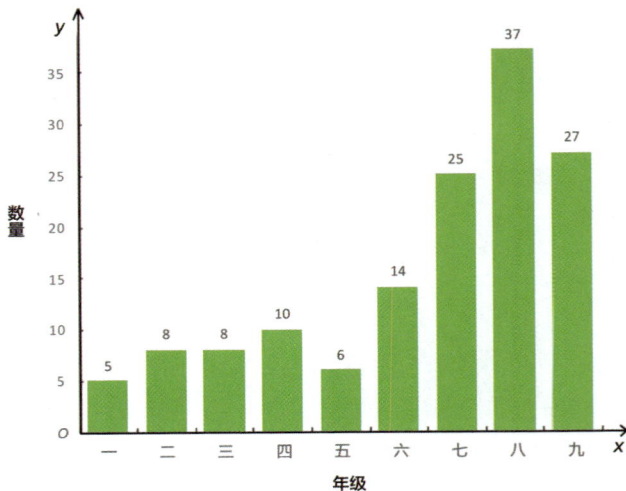

我们看到，初中阶段的古诗词数量明显高于小学阶段。巅峰期是八年级，一学年中包含了37首古诗词，是一到五年级的古诗词数量的总和。

当然，诗词的数量不能完全体现真实的背诵量，毕竟每首诗词的长度差异非常大。我们来看一下各年级古诗词的平均字数（保留一位小数）和总字数的变化趋势：

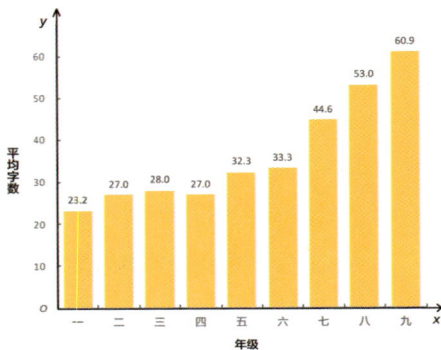

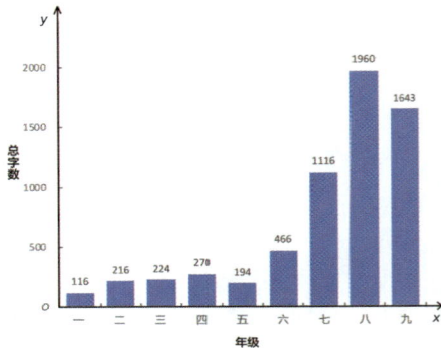

意料之中的是，古诗词的平均字数基本依年级递增（只有四年级略微下降），体现了背诵难度的逐步增加。而从总字数看，最艰难的仍然是八年级，一学年要背的诗词字数为1960，超过了小学六年的总和。

字数最多的诗，毫无争议的是《木兰辞》，多达332个字。不知道有多少人实现过从"唧唧复唧唧"背到"安能辨我是雄雌"的壮举。大概是因为害怕后人背诵的时候会非常仇恨作者，这位诗人写完这首长长的诗后不敢留下姓名，可以说是"事了拂衣去，深藏身与名"。如今，我们只知道他是北朝人，作者一栏只好写佚名。

如果要排出人类历史上文学创作量最大的"人"，那一定非"佚名"莫属。他的作品无孔不入，防不胜防，却没有人知道他是谁，让你背诵的时候即便咬牙切齿，也不知道该恨谁。除了《木兰辞》以外，140首中还有3首来自《诗经》、1首《长歌行》（少壮不努力，老大徒伤悲）来自汉乐府，创作者都无名可循。

而剩下的135首，总共出自63个诗人之手。也就是说，在古往今来的无数诗人中，只有63个诗人的背诵率大于零。这么一想，乾隆皇帝一点儿也不委屈。他做的不对的地方只是写得多了一点儿。从背诵率看，他还能并列第64名，或者说，并列倒数第一。

我们来看一下入选次数最多的两大诗人：

李白 14 首　　杜甫 11 首

毫不意外，是李白和杜甫。

李白一人独占14首，其作品涵盖了7个年级，陪伴了我们的整个青春。我们从课本上遇到的第一首诗，就是他的《静夜思》。乾隆要是知道这一点，肯定会感叹：如果能重来，我要选李白。

李白的头号粉丝——杜甫也有11首入选。虽然数量不如李白，但是杜甫的诗普遍比较长，其需要背诵的总字数是最多的，总共687字，包括长达171

字的《茅屋为秋风所破歌》和120字的《石壕吏》; 而李白则只有557个字, 最长的《宣州谢朓楼饯别校书叔云》字数也没有上百, 可以说是模范的"背诵友好型"诗人了。

而对背诵最不友好的诗人, 还不是杜甫, 而是岑参。他一共有3首诗入选, 其中《白雪歌送武判官归京》和《走马川行奉送封大夫出师西征》分别长达126个和122个字, 与杜甫一起, 包揽了6首百字以上诗作中的4首。而他比杜甫更不友好的地方在于, 连诗名都取得特别长。你好不容易背出了"忽如一夜春风来"和"君不见走马川行雪海边", 却很可能想不起来这首诗叫什么。

作品数量入选得多, 不意味着背诵率就高, 因为大家创作的数量不一样。这就涉及第二个问题: 这些诗人总共写过多少诗?

一个准确的回答是: "**不知**"。
诗人告诉我们: "这个世界多的是你不知道的事。"

不知天上宫阙, 今夕是何年。

商女不知亡国恨, 隔江犹唱后庭花。

常记溪亭日暮, 沉醉不知归路。

深林人不知, 明月来相照。

力尽不知热, 但惜夏日长。

不知细叶谁裁出, 二月春风似剪刀。

同行十二年, 不知木兰是女郎。

不是每个诗人都像乾隆那样幸运：无论写得多烂，诗都能传下来。大部分诗人的大部分作品在历史长河里"云深不知处"。我们能够知道的，只是诗人留存至今的诗的数量。因此，我们只能计算修正版的背诵率：

$$背诵率 = \frac{入选教材的诗词数量}{留存的诗词数量}$$

我们以古诗词数据库为基础，结合多种渠道搜集了这63位诗人的存诗数量，并计算了他们的背诵率。

63位诗人中，存诗最多的是南宋的陆游，存诗9416首。由于基数实在太大，虽然他有3首作品入选了教材，但是其背诵率只有可怜的0.03%。

不过陆游的背诵率还不是63人中最低的。背诵率在63人中垫底的两位，是清代诗人赵翼和袁枚。两人存诗都达到了4000多首，分别入选了1首。这两人和零背诵率的蒋士铨一起并称为"乾隆三大家"——从这一称号就可以知道，他们的背诵率不会太高。

背诵率最高的，也是存诗最少的，是唐代诗人林杰。林杰英年早逝，去世时年仅17岁，留下了两首诗。其中一首就是入选三年级教材的《乞巧》（七夕今宵看碧霄）。也就是说，他的背诵率高达50%，遥遥领先于其他诗人。

紧随其后的两位诗人的背诵率都为10%：第一位是王湾，存诗10首，入选的是《次北固山下》；第二位是贺知章，存诗20首，入选的两首是广为传诵的《咏柳》和《回乡偶书》。值得一提的是，贺知章除了诗作流传率高,起的"外号"的流传率也非常高。李白之所以被叫作诗仙,就是因为贺知章夸了李白一句:"子,谪仙人也。"

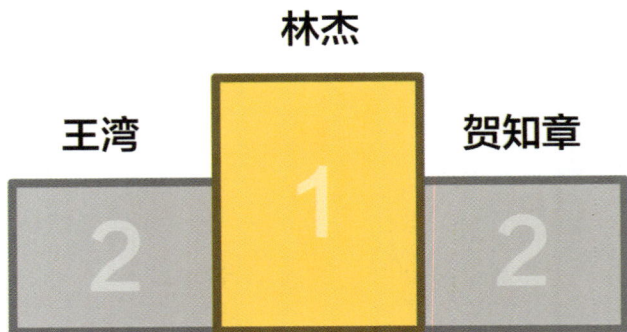

王湾

林杰

贺知章

2

1

2

而诗仙李白虽然入选作品多,但是写得也多,导致背诵率不太高,只有1.2%;杜甫更低,只有0.7%,真是"言多必失"。诗写得多,肯定要牺牲一点背诵率。要是能重来,你还选李白吗?

知识点

直方图是一种常用来描述数据的统计图。

在作图时,第一步是计算最大值与最小值的差,以确定数据的变化范围。

第二步是决定组距和组数,把所有数据分成若干组,每个小组的两个端点之间的距离(组内数据的取值范围)称为组距。根据问题的需要,各组的组距可以相同或不同。

第三步是列频数分布表,它对落在各个小组内的数据进行累计,得到各个小组内的数据的个数(叫作频数)。

最后,为了更直观、形象地看出频数分布的情况,可以根据分布表画出频数分布直方图。

其他统计图还有条形图、折线图、扇形图等。

诗人的中考成绩

■ 金欲洋言

时光匆匆,成长的不只是我们,还有我们背诵的诗句的长度。从小学时的《静夜思》开始,逐渐背到初中时的《木兰辞》,再到高中时的《长恨歌》,随着年龄渐长,我们背诵的诗似乎越来越长。

事实的确如此。据我们统计,义务教育阶段,一首诗词平均长度只有44字,到了高中阶段,均长一下子跃升为129字。不知道有多少人成长的速度赶得上古诗词长度增加的速度。

古诗词长度增加的原因,有3种可能:短诗作者退出舞台;长诗作者登上舞台;原来写短诗的作者开始越写越长。究竟谁是古诗词长度增长的"罪魁祸首"?

为了回答这一问题,我们提出一个"啰唆比"的概念:

$$诗人的啰唆比 = \frac{高中课本中该诗人的诗词平均长度}{小学、初中课本中该诗人诗词平均长度}$$

一个诗人的啰唆比越高,意味着中考后该诗人对诗词长度增长的贡献越大。

选择中考为时间截点,是因为中考是一件人生大事,许多人在此前后会发生巨大的改变。一些人在中考中发挥超常,从此得意洋洋、啰里啰唆;一些人则考场失意,从此收敛锋芒、寡言少语。因此,从啰唆比出发,我们甚至可以推测出各位诗人在中考中的表现。

为了计算诗人们的啰唆比，我们搜集了教材中所有出现过的古诗词。义务教育阶段，我们采用人教版作为分析的依据；高中阶段，我们选择了苏教版的5本必修教材，以及背诵量1本抵必修5本的《中国古代诗歌散文欣赏》。

　　经统计，有47个诗人只在义务教育阶段出现，中考之后就消失了，包括贺知章、王昌龄和杨万里等。他们的啰唆比都为0，在义务教育阶段风光无限，到高中就销声匿迹：多半是因为他们对那年的中考题无话可说，于是中考后再也不说话。由于他们都属于短诗作者，他们的沉默直接推动了古诗词均长的增加。不过，其中有两位诗人虽然退出了古诗词界，却没有退出语文课本——他们跨界去写散文了。一个是杜牧，一个是王勃，他们以一种更有效的方式推动了背诵量的增加。

　　有11个诗人在义务教育阶段始终沉默，到高中才开始发声。他们应该是"保送生"，没有经历中考。保送的原因多种多样：有些是因为太过伤感，比如柳永，"执手相看泪眼，竟无语凝噎"这样的词，小孩子看了怎么受得了；有些是因为写得太少，比如张若虚，存诗仅两首，其中一首就是《春江花月夜》，其背诵率高达50%，不鸣则已，一鸣惊人；还有一些，是我们从小就听过他的故事，但到高中才遇见他的诗，比如屈原。后来，背着《离骚》的我们终于在眼泪中明白，有些人遇见了还不如不见，有些人错过了也不会有任何遗憾。这些"啰唆"的新面孔出现，构成了古诗词均长增加的第二股力量。

　　而第三股力量，则来自于同时出现在义务教育阶段和高中阶段的16位诗人。来看一下其中前8名的啰唆比数值。

诗人	每首诗词平均字数		啰唆比
	小学、初中	高中	
白居易	57.8	728.0	12.6
李白	39.8	195.8	4.9
柳宗元	20.0	56.0	2.8
辛弃疾	53.5	104.0	1.9
王维	29.3	56.0	1.9
李清照	44.7	78.5	1.8
李贺	56.0	98.0	1.8
陆游	33.3	56.0	1.7

毫不意外，这些人都变啰唆了。勇夺啰唆比排行榜第一的是白居易。记得那时年纪小，义务教育阶段的白居易还相当克制。一首诗如果4句说不完，一般人就奔着8句去了，不凑完整不罢休。而白居易考虑到大家的背诵量，顶住舆论压力写出了《忆江南》这样的5句诗，能少一句是一句。即便是没有控制住写了8句的《赋得古原草送别》，白居易也只选了"离离原上草，一岁一枯荣。野火烧不尽，春风吹又生。"这4句入课本，简直是良心诗人。

这样一个善良朴实、不出风头的小伙子，到了高中突然就放飞自我了：一会儿写出了616字的《琵琶行》，一会儿又写出了840字的《长恨歌》，以一人之力撑起了高中所有古诗词29%的背诵量。这种在小学、初中阶段默默无闻，在高中阶段大放异彩的人，多半是在中考中超常发挥了。

如果你背过白居易的这两首诗，你就能体会到它们不仅长，而且写实。背第一遍的时候，你会咬牙切齿但脸上还能略带尴尬地微笑，"别有幽愁暗恨生，此时无声胜有声"。背第二遍的时候，你的表情渐渐凝重，嗓子已经受不了了，"呕哑嘲哳难为听""凄凄不似向前声"。背第三遍的时候，你会莫名地流泪，"满座重闻皆掩泣""江州司马青衫湿"。后人如此怀念白居易："童子解吟长恨曲，胡儿能唱琵琶篇。文章已满行人耳，一度思卿一怆然。"为什么一想起白居易就会怆然？谁背谁知道。

同样在中考前后判若两人的，还有李白。相比于义务教育阶段，高中阶段李白的诗长度暴涨了4倍。"噫吁嚱"，"背诵友好型"诗人李白也突然"膨胀了"！而且膨胀的不只是诗的长度，还有诗的内容。义务教育阶段的李白虽然也喜欢夸张，但是"飞流直下三千尺""桃花潭水深千尺"，夸张起来也还有个限度；到了高中，动不动就"尔来四万八千岁""天台四万八千丈""与尔同销万古愁"，一下子大了一个数量级。因此，我们推断，李白的"中考成绩"，很可能是在平时分数后面加了一个零。

不过，对比两个阶段的李白的诗，我们猜测李白的"膨胀"也可能是因为他的牙变好了。有诗为证：义务教育阶段的李白常常"停杯投箸不能食"，大概因为牙疼吃不下菜；"举杯消愁愁更愁"，只能靠酒这种液体食物果腹；因为食欲不好而整天不开心，动不动就感叹"人生在世不称意"。高中的李白则完全是另外一副样子，"烹羊宰牛且为乐"，牙好胃口就好；"人生得意须尽欢"，吃饱了非常开心，于是绣口一吐就半个盛唐。

再来看一下啰唆比排名靠后的8名：

啰唆比最接近于1、受中考影响最小的是北宋词人晏殊。从初中的"无可奈何花落去，似曾相识燕归来"到高中的"独上高楼，望尽天涯路"，一样的伤感。晏殊在中考前后改变很小，很可能

诗人	每首诗词平均字数		啰唆比
	小学、初中	高中	
苏轼	46.9	78.0	1.7
孟浩然	35.0	56.0	1.6
陶渊明	45.0	70.0	1.6
李煜	36.0	56.0	1.6
李商隐	37.3	56.0	1.5
温庭筠	33.5	44.0	1.3
晏殊	52.0	60.0	1.2
杜甫	62.5	49.6	0.8

是因为他考前就刷到过中考题了。《宋史》记载,晏殊当年参加殿试的时候就碰到了原题并主动打了报告:老师这道题我做过了,给我换一题吧(臣尝私习此赋,请试他题)。作为一个刷题狂人,也难怪他总是感慨"去年天气旧亭台",一切题目都是原来的老样子,出题老师一点儿新意都没有;"小园香径独徘徊",无敌是多么的寂寞。

唯一一个啰唆比小于1的,是杜甫。中考前的杜甫,写一首诗平均是62个字,是16个诗人中最啰唆的;到了中考后,反而不到50字,简洁程度仅次于温庭筠。这一剧烈的转变,使我们有理由怀疑,杜甫在中考中发挥失常了。义务教育阶段的杜甫很可能学习成绩拔尖,"漫卷诗书喜欲狂",每次下课收拾回家的时候都很开心;"白日放歌须纵酒",因为没事就被老师表扬,给自己买瓶"饮料"庆祝一下;考前也非常自信,"会当凌绝顶,一览众山小",抱着考第一的心态上了考场。而考完后的杜甫则是"百年多病独登台",动不动就上了高台;"凭轩涕泗流",一把鼻涕一把泪,怨苍天变了心。昔日学霸一朝沉沦,命运无常,令人唏嘘。

纵观全局,除了杜甫,所有诗人都和古诗词长度增加脱不了干系。为了这一点,也该敬一杯杜甫,安慰一下他被中考伤害的心。

总而言之,中考确实改变了很多。不过有些事情,中考也无法改变:不管时空怎么改变,啰唆还是简洁,只要是古诗词,后面总会接着一句话。这句话陪伴我们度过了整个小学、初中和高中时期,12年里不增不减,不卑不亢,那就是背诵全诗。

知识点

在日常生活中,我们常用平均数描述一组数据的集中趋势。一般地,对于 n 个数 $x_1, x_2, \cdots, x_n$,我们把 $(x_1+x_2+\cdots+x_n)/n$ 叫作这 n 个数的算术平均数,简称平均数,记为 $\bar{x}$。

实际问题中,一组数据里的各个数据的"重要程度"未必相同。因而,在计算这组数据的平均数时,往往给每个数据一个"权",从而得到加权平均数。

你和摄影师就差一个知识点

■ antares

　　每天都在和各种美图软件打交道的你，有没有想过这样一个问题：智能手机或者电脑眼里的你，到底是什么样的？

　　这个问题有点复杂，我们要从最简单的黑白照片说起。计算机没有眼睛，它能够储存的只有一串数字。怎么用一串数字表达一张黑白照片呢？计算机会先把照片"切"成许许多多的小方块——每个小方块被称为一个像素，然后用数字代表小方块里的颜色：如果是纯黑色，就用0表示；如果是纯白色，就用255表示；如果是黑白之间的灰色，就根据灰色的深浅用0~255的数字表示。

在不同人（相机）眼里，
你有不一样的美丽。

以右图为例。最左边的像素图，每一个像素都可以用0~255当中的值表示。0代表最黑，数值越大的像素，颜色越亮，因此纯白色就是255，而计算机是以数字的形式存储这些像素的颜色的。你看出这个图像是什么了吗？

105	133	141	158	167	169	146	186	201	209
94	119	115	141	169	173	191	198	193	191
128	94	120	142	168	165	169	198	200	210
110	122	115	129	175	147	173	170	190	191
107	93	125	126	141	145	173	154	168	178
144	113	144	140	149	191	193	169	174	181
104	113	105	86	147	178	156	155	155	165
113	132	148	131	131	154	165	151	178	166
149	148	140	155	172	166	177	181	200	209
134	131	129	131	123	156	133	166	178	201

把一张黑白照片里所有像素的值统计出来,每个数字出现的次数就是频数(比如0出现了3次,频数就是3),以1作为**组距**,做出直方图,这样我们就得到了灰度直方图。偏黑的像素数值比较小(0就是最黑),偏白的像素数值比较大(255就是最白),这样,就可以通过直方图直观地看出照片是偏黑还是偏白。

摄影师的必备技能

这听起来好像只是把照片和直方图两个概念简单叠加在一起了,但它的作用可不小。当专业的摄影师拍照时,相机会经历一个叫"曝光"的过程,而曝光时间是照片好坏的决定因素之一。如果曝光时间过长,照片

曝光不足的照片,像素主要分布在低亮度区域;曝光过度的照片,像素主要分布在高亮度区域。直方图范围越大,照片的整体层次感越好。

就会过亮;过短就会过暗。有时候摄影师需要根据试拍出的照片判断曝光时间该如何调整。这时候,灰度直方图就可以直观地显示出这一答案。如果发现值偏小的像素较多,就说明照片过暗;如果值偏大的像素较多,就说明照片过亮。

如果不是黑白照片，而是彩色照片又如何呢？实际上，所有颜色都可以表示成红、绿、蓝**三原色**按比例的组合。因此，可以用3个数分别代表三原色的比例，用来表示一个彩色的像素。由于0~255可以用一个8位二进制数表达，表示一个像素需要3×8=24位，因此这种表示法被称为24位真彩色。

三原色也称三基色，是指颜色当中不能再分解的三种基色，包括光学（叠加型）三原色和颜料（消减型）三原色。
相机所用的光学三原色包括红（R）、绿（G）、蓝（B），将三原色进行不同量的配比能混合出所有光的颜色。

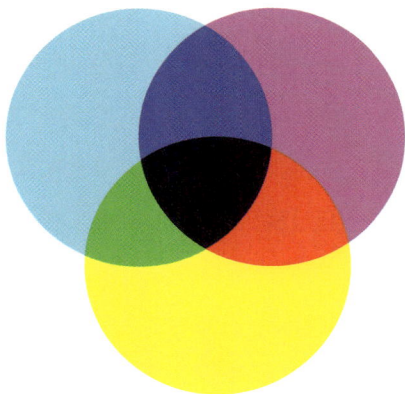

颜料三原色包括品红、黄、青，对它们进行不同量的配比可以混合出所有颜料的颜色。

在数码图像里，每种颜色都是由红（R）、绿（G）、蓝（B）三原色的参数决定的。

从三原色的比例开始，还可以简单计算出每个像素的亮度，用亮度构成的直方图和黑白照片里的灰度直方图一样，可以看出照片整体的明暗程度。

这个花里胡哨的鹦鹉，有着花里胡哨的颜色直方图！

106 155 47	61 107 42	241 233 0	196 160 202	236 104 66
73 180 231	0 141 203	250 242 128	213 186 216	242 154 118
223 231 132	242 154 118	106 35 137	134 75 154	180 135 186
184 211 36	236 104 66	228 158 0	240 186 0	242 213 0
123 173 42	223 9 21	0 141 203	73 180 231	127 205 243

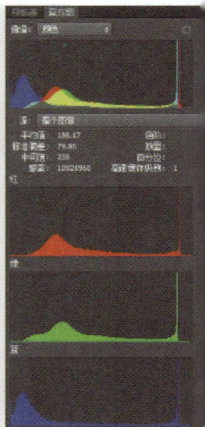

用 24 位（3×8 位）二进制数表示的像素颜色。

"以图搜图"是怎么实现的？

除了曝光之外，直方图还可以用来做图像检索。设想一个场景，你手头有一张图片，图片分辨率不够高，你希望在一堆高清图片中找到这张图片的原始高清版，那么该如何在浩如烟海的图片库中找到它呢？我们在找人时，会用一些特征去概括我们要找的人的样子，例如"男性""170厘米左右""秃头""非常瘦"等。与之相似，我们在做图像检索时，也需要一些特征去描述这张图片。数字图像处理的一大问题在于每张图片的数据量非常大，因此，人们需要寻找一些更简单的特征来描述图片。理想的特征应当能准确描述一个物体：相同的特征表示相同的物体；不同的特征表示不同的物体。

图像检索中，一个最需要的特征是平移不变性。比如说，你给一辆红车拍两张照片，这两张照片里车的位置会有所区别，但是它们的颜色直方图都会显示一大块红色。人们发现，对红、绿、蓝三原色分别作出直方图，就是彩色图像的一个很好的特征。实际的做法是把三原色的0~255拆成几个区间，

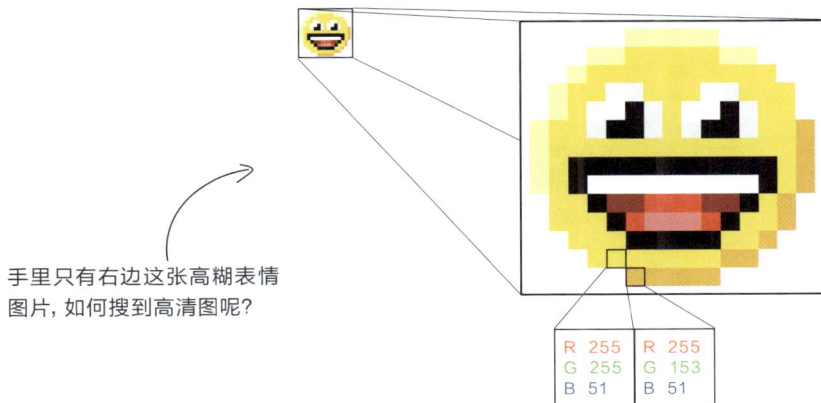

手里只有右边这张高糊表情图片，如何搜到高清图呢？

R 255	R 255
G 255	G 153
B 51	B 51

然后按照区间画直方图。例如，每64个值归到同一个区间的话，就可以用4个区间（0~63,64~127,128~191,192~255）取代一种颜色的256个可能值。考虑到有3种颜色，就可以将全部色彩归入64种区间组合之一。这样既保留了直方图的特征，又可以避免微小的干扰影响直方图。

当然，颜色直方图只是人们总结出来的众多图像特征之一，并不是万能的。在计算时，它舍弃了像素之间的位置关系，因此它无法判断色块的分布关系。例如，它不能分辨前景和背景：蓝天下的红车和红地毯上的蓝裙子可能有相似的颜色直方图，但是实际上，它们是截然不同的两张图。因此，在实际的图像处理领域里，我们需要根据实际需求来使用其他不同的特征，例如图片的纹理、图片的边界特征点等。

知识点

一幅照片中的像素个数可以反映这幅照片的分辨率，像素越多，照片越接近原始影像。在描述显示器的分辨率时，我们通常用长边像素数×宽边像素数来表示，比如640像素×480像素的显示器共有307 200像素。在描述相机时有时会说"300万像素"，即指像素总数可达300万。

2000年前的钢铁侠

■ 马二

"在一条直线的同一侧有两个点 A 和 B，在直线上找到一点 C，使得线段 AC 和 CB 的长度和最短。"

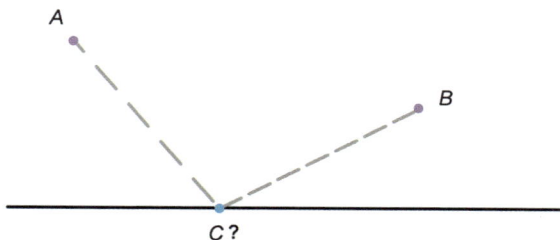

久经考场的你可能见过这个问题的各种版本：将军饮马、消防员去取水、油罐车去加油、士兵去取补给……反正各种"马甲"里面都是这个朴素的身躯。而最早提出这个问题并予以解答的，是2000年前古希腊的海伦。

一道2000岁的陈年老题

海伦提出这个问题的时候也给这个问题穿了件"马甲"，他研究的是光的**反射问题**："A 点发出的一束光线，由镜面反射到达

光的镜面反射：

入射光到达反射面后被反射，成为反射光。经过入射点与反射面垂直的线叫作法线，法线与入射光的夹角为入射角，法线与反射光的夹角为反射角。

镜面反射中，入射角等于反射角。

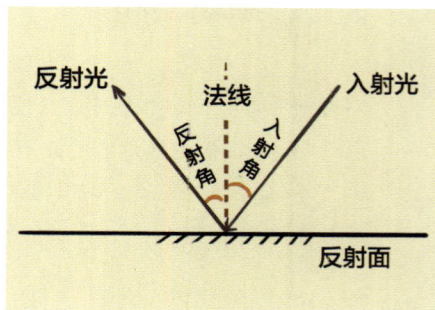

生活中的数学

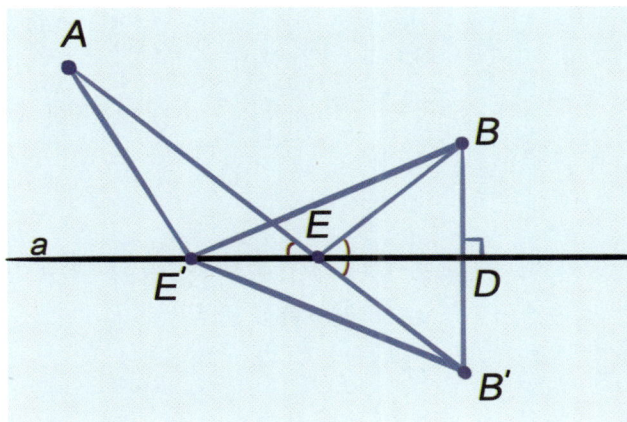

B 点,那么光线将走最短的路程。"因此,他给出的答案是"入
射角和反射角相等时,两条线段长度和最短。"当然,古希腊
人做事很讲究,结论虽然有了,但也得给出个证明过程才行。

假如图上直线a表示镜面,镜面的同一侧有A、B两点,
光线从A出发,经反射到达B。从B点向a引垂线并延长,垂足
为D,截取B'使得$BD=B'D$,用直线连接AB',同a有一个交
点,给这个点起个名字叫E。你能很轻易地证明,折线AEB的
长度和线段AB'相等。

可是,折线AEB就是所有折线中最短的么? 我们来看看
a上任意的另外一点E',现在要比较一下$AE'+E'B$和$AE+EB$
的大小。因为$\triangle BE'D$和$\triangle B'E'D$是完全一样的,所以折线
$AE'B$的长度和折线$AE'B'$相等。现在可以比较折线$AE'B'$和
线段AB'的长度了。你想说线段公理(两点之间线段最短)?
不不不,那是你的数学老师教的,古希腊人不认这个,人家就
认《几何原本》。

《几何原本》是古希腊数
学家欧几里得所著的一
部数学著作,共 13 卷。
这本著作是现代数学的
基础。

知道《几何原本》第一册中的命题20是什么吗？三角形任意两边之和大于第三边，这叫作"三角不等式"，所谓的"两点之间线段最短"，只是这个命题的推论。

根据这个命题和等量传递性，我们可以得到 $AE'+E'B>AE+EB$，海伦就这样给出了光反射问题的完整证明。

古希腊的钢铁侠

根据你的经验，海伦这个常见的名字，一般是美女用的对吧？不过那个是Helen（引发特洛伊战争的那位美丽公主），今天我们的主人公叫涍伦，也可以音译作"希罗"，是个卷毛大胡子男性。

海伦是公元1世纪时，一位活跃在亚历山大城的古希腊"大牛"。根据留存至今的传说中属于他的著作，我们给他冠上了数学家、机械师、实验师、发明家等头衔。他在数学方面的贡献，有今天中学依然要学习的海伦公式（用三角形三边长度计算三角形的面积），以及求一个数的平方根和三次方根（如果$a^2=b$，a就叫作b的平方根）的逼近法等。

理论上的成就已然如此，若再提及他发明和记录的机械，那可更让人惊叹。

海伦最卓著的成就是发明了最早的蒸汽机——汽转球，他是阐述其制作细节的第一人。

汽转球主要由一个空心球和装有水的密闭锅组成，二者之间以两个空心管连接，在锅底加热使水沸腾，锅中的蒸汽就通过管子进入球中，最后蒸汽会由球体的两旁喷出并促使球体转动。

他发明了最早的自动售货机：扔一个大钱进去，里面的机关会根据钱币的重量而发动，你就能接到一杯圣水。

海伦还是一名戏剧爱好者。他发明了一套由机械操纵的木偶表演装置，能演10分钟。装置中还有机械定时功能，能让金属球定时掉落到隐藏的鼓上，产生雷声。这个发明由一个旋转的圆柱形齿轮带动，系统的绳子的绳节都有两种状态，通过改变它们的组合来切换不同的表演状态。因此，这套装置有可能是世界上最早使用**二进制**程序的"机器人"了。

二进制在数学和数字电路中指以2为基数的记数系统，这一系统中仅有两个数字——0和1，每个数位称为一个比特。除了编码计数，二进制的思路可以用于任何简单对立的事物中，比如灯的开与关，绳结的两种不同状态，计算机的逻辑门等。

他名下还有各种各样的机关设计，比如能在祭坛上点起圣火时让神庙的门慢慢打开的机关，再比如记录行车里程的仪表、远程投石机、风力管风琴……

简直是行走在古希腊的托尼·斯塔克啊！

海伦的许多发明虽然只具有娱乐用途，但他意识超前、脑洞惊人，这足以让他在群星闪耀的古希腊脱颖而出，成为真正意义上领先时代的"潮男"。

知识点

数学中传递性，一般指关系的传递性。
关系的传递性定义：
设R为集合A中的一个关系，若$x,y,z \in A$
满足:$xRy,yRz \Rightarrow xRz$

笛卡儿，我思故我在

■ 方弦

笛卡儿不仅是数学家，还是著名的哲学家和物理学家。

笛卡儿，1596年出生于法国布列塔尼的一个小城厅，父亲是当地议会的议员，而母亲在生他不久后就去世了。

笛卡儿自幼体弱多病，还因此耽误过学业。18岁时，他考入普瓦捷大学，听从父亲的安排攻读法律专业。后来，他投笔从戎，从事军事工程师的工作，这也为他之后转向研究数学打下了基础。

$$2^3 = 2 \times 2 \times 2$$

笛卡儿在数学上的建树不仅限于解析几何。作为现代数学的早期开拓者，他发明的很多符号和理念都沿用至今，比如以上标表示乘方。

我们熟悉的类似"2的3次方"这样的数学表达就来自笛卡儿。

他还将几何原理应用到光学，结合他发现的光的折射定律，给出了彩虹的具体形状。

但他最重要的建树还是在哲学领域，人们普遍认为笛卡儿是现代哲学的开创者。笛卡儿基于在数学和物理方面的研究经验认为，人能够用纯粹的理性思考来认识这个世界，但在证据确凿之前，应当对任何结论保持怀疑态度。他的想法被后人称为理性主义。哲学名言"我思故我在"就出自笛卡儿。

这位伟大的数学家、哲学家和物理学家，在创建坐标系的时候，也不是一帆风顺。

那是在荷兰，笛卡儿参加的军队暂时驻扎的地方。他不仅是一名士兵，在军队中也参与了军事工程的研究，也因此结识了一些科学家，学到了当时堪称前沿的数学知识。但他似乎缺少目标，不太清楚自己将来要做什么。父亲想让他从事法律行业，但他还没有下定决心。

一个寒冷的初冬晚上，笛卡儿独自钻进了一个暖炉房。在半睡半醒之间，他做了3个奇怪的、关于鬼神的梦。醒来之后，他认为这就是命运的指引，他的任务就是通过科学研究探索世间的真理。尽管可能只是一厢情愿，但这一夜推动了他成为流芳后世的数学家和哲学家，而不是一名二流律师。

确定志向之后，笛卡儿得出的第一个数学成果，就是解析几何的基本框架，即坐标系。

他在此前对军事工程学的研究中，已经提出了坐标系的大体概念，但在暖炉房的一夜之间，他意识到坐标系可以将几何和代数联系在一起。也就是说，通过坐标系，可以将几何问题转化为单纯的代数问题，最后通过计算来解决。

要知道，这是在17世纪初，人类刚刚踏入启蒙时代，伽利略关于日心说的著作还没完成，牛顿也还没有出生，科学研究还处于非常原始的时期。虽然伽利略首先在物理学的实验中系统地应用了数学来分析实验结果，但他的分析方法还是大量依赖于《几何原本》中的几何方法。

几何方法虽然看起来比较直观，但画图本身也非常烦琐。在笛卡儿提出坐标系之后，人们才惊觉原来几何跟代数是一回事，可以直接用代数方法来研究科学。这大大简化了实验研究中的数学分析，也为之后牛顿提出运动三定律和万有引力铺平了道路。

笛卡儿一开始提出的坐标系，并不是现在我们使用的直角坐标系，它的坐标轴只有一根横轴，纵轴是后人为了方便才加上去的。有了坐标系，平面上的每个点就都可以用横坐标、纵坐标来表示。而不同的几何图形，也可以用关于横坐标 x 和纵坐标 y 的方程表示。直线是一个方程，圆也是一个方程。它们虽然看起来南辕北辙，但有着相同的本质：都是方程。

　　解析几何这种数形结合的观点大大推进了几何学研究的发展。在这种观点下，古希腊的三大尺规作图难题——倍立方、化圆为方、三等分角，都被证明是不可能完成的任务。

　　尺规作图是只用圆规和直尺，解决平面几何中的画图问题，在数形结合的观点下，后人证明了，上述3个问题对应要作出的长度，都不是任何圆和直线的方程组的解。也就是说，用尺规作图无法作出对应的长度，三大难题无法解决。

在计算机出现之后,解析几何更是大有用处。通过将几何问题转化为代数问题,很多问题可以交给计算机来解决,尤其是在需要海量计算的时候。由此我们能解开非常复杂的方程组,通过代数计算证明几何命题不再难于登天。

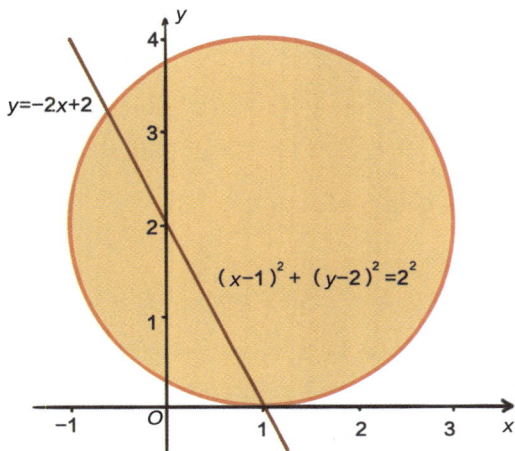

在直角坐标系中,直线和圆都可以用相应的方程来表示。

知识点

有了平面直角坐标系,平面内的点就可以用一个有序数对表示了。若由一点 A 分别向 x 轴和 y 轴作垂线,垂足在 x 轴上的坐标是3,在 y 轴上的坐标是4,我们说点 A 的横坐标是3,纵坐标是4,有序数对(3,4)就叫作点 A 的坐标,记作 $A(3,4)$。